MANUAL DE ESTRATÉGIAS PARA ABORDAGEM DA ANSIEDADE EM PACIENTES COM TRAUMATISMO CRANIOENCEFÁLICO

Artesã

Coleção
Como eu faço
a Reabilitação
Neuropsicológica

MANUAL DE ESTRATÉGIAS PARA ABORDAGEM DA ANSIEDADE EM PACIENTES COM TRAUMATISMO CRANIOENCEFÁLICO

Laiene Olabarrieta Landa[1]
Mariantonia Lemos[2]
Giselle Leal[3]
Juan C. Arango Lasprilla[4]

Organizadora da Coleção
Fabricia Q. Loschiavo Alvares

1 Departamento de Ciencias de la Salud, Universidad Pública de Navarra, Pamplona, España.

2 Departamento de psicología, Escuela de Humanidades. Universidad EAFIT.

3 Jackson Health Systems, Christine E. Lynn Rehabilitation Center, Miami, USA.

4 Biocruces Bizkaia Health Research Institute, Cruces University Hospital, Barakaldo, Spain. Ikerbasque, Basque Foundation for Science, Bilbao, Spain. Department of Cell Biology and Histology, University of the Basque Country (UPV/EHU), Leioa, Spain.

Manual de Estratégias para Abordagem da Ansiedade em Pacientes com Traumatismo Cranioencefálico

DIRETOR
Alcebino Santana

DIREÇÃO DE ARTE
Tiago Rabello

COORDENAÇÃO EDITORIAL
Michelle Guimarães El Aouar

TRADUÇÃO
Debora Zacharias

REVISÃO
Silvia Barbosa

CAPA
Karol Oliveira

PROJETO GRÁFICO E DIAGRAMAÇÃO
Conrado Esteves

M294

Manual de estratégias para abordagem da ansiedade em pacientes com traumatismo cranioencefálico / Laiene Olabarrieta Landa... [et al.]. – Belo Horizonte : Artesã, 2023.

252 p. : il. ; 21 cm. – (Como eu faço a reabilitação neuropsicológica / organizadora: Fabricia Q. Loschiavo Alvares)

ISBN: 978-85-7074-067-0

1. Ansiedade. 2. Traumatismos Craniocerebrais. I. Olabarrieta Landa, Laiene. II. Loschiavo-Alvares, Fabricia Quintão.

CDU 616.8

Catalogação: Aline M. Sima CRB-6/2645

IMPRESSO NO BRASIL
Printed in Brazil

(31)2511-2040 (31)99403-2227
www.artesaeditora.com.br
Rua Rio Pomba 455, Carlos Prates - Cep: 30720-290 | Belo Horizonte - MG
/artesaeditora

"Agradecemos a Dra. Fabricia Loschiavo pela oportunidade de ter o nosso livro em sua coletânea."

Os autores

SUMÁRIO

LISTA DOS MANUAIS DA COLETÂNEA "COMO EU FAÇO A REABILITAÇÃO NEUROPSICOLÓGICA"

MANUAL 1 – MANUAL PARA A APLICAÇÃO DOS *CORE SETS* DA CLASSIFICAÇÃO INTERNACIONAL DE FUNCIONALIDADE (CIF) NA REABILITAÇÃO NEUROPSICOLÓGICA DOS TRANSTORNOS PSIQUIÁTRICOS

MANUAL 2 – MANUAL PARA A FORMULAÇÃO CLÍNICA PARA A INTERVENÇÃO EM REABILITAÇÃO NEUROPSICOLÓGICA

MANUAL 3 – MANUAL DE ESTRATÉGIAS DE REABILITAÇÃO NEUROPSICOLÓGICA PARA ATENÇÃO, MEMÓRIA E FUNÇÕES EXECUTIVAS

MANUAL 4 – MANUAL DE TÉCNICAS DE REGULAÇÃO EMOCIONAL INFANTIL

MANUAL 5 – MANUAL DE APLICAÇÃO DO *EXECUTIVE FUNCTIONAL PERFORMANCE TEST* (EFPT-Br) NO CONTEXTO DA REABILITAÇÃO NEUROPSICOLÓGICA

MANUAL 6 – MANUAL DE APLICAÇÃO DE TÉCNICAS DO MÉTODO *OCUPPATIONAL GOAL INTERVENTION* (OGI) NO CONTEXTO DA REABILITAÇÃO NEUROPSICOLÓGICA

MANUAL 7 – MANUAL DE TÉCNICAS DA TERAPIA COGNITIVO COMPORTAMENTAL E SUAS INTERFACES COM A NEUROPSICOLOGIA

MANUAL 8 – MANUAL DE ESTRATÉGIAS DE REABILITAÇÃO NEUROPSICOLÓGICA NOS TRANSTORNOS DE APRENDIZAGEM – DISLEXIA E DISGRAFIA

MANUAL 9 – MANUAL DE TÉCNICAS DA ABORDAGEM SISTÊMICA APLICADAS À REABILITAÇÃO NEUROPSICOLÓGICA

MANUAL 10 – MANUAL DE INTERVENÇÃO PSICOPEDAGÓGICA NO CONTEXTO DA REABILITAÇÃO NEUROPSICOLÓGICA

MANUAIS EXTRA

MANUAL 11 – **MANUAL DE ESTRATÉGIAS PARA ABORDAGEM DA ANSIEDADE EM PACIENTES COM TRAUMATISMO CRANIOENCEFÁLICO**

MANUAL 12 – MANUAL DE ESTRATÉGIAS PARA ABORDAGEM DA AFETIVIDADE E SEXUALIDADE EM PACIENTES COM TRAUMATISMO CRANIOENCEFÁLICO

PREFÁCIO

Como eu faço a reabilitação neuropsicológica? Esta é a pergunta que sempre escuto em todas as aulas e cursos que ministro. Questionamento pertinente, e sem dúvida, de muita relevância clínica.

Costumo, sempre, fazer alusão à reabilitação neuropsicológica, a minha tão amada área de atuação clínica e de pesquisa há anos, como uma arte. Como o oleiro molda o barro para resultar na sua idealizada escultura? Como o escultor maneja as suas ferramentas a fim de apresentar, ao final, a sua obra de arte? Sim, vocês podem me responder, que são fruto de anos de experiência, de inspiração e criatividade, um dom, aprimorado com a observação sistemática, a partir da experenciação de diferentes procedimentos e técnicas, de aprofundamentos teóricos e vivenciais, da paixão, disciplina, enfim, várias são as respostas. Mas, em todas, evidenciamos aspectos centrais. A reabilitação neuropsicológica (sou suspeita para falar) é realmente inspiradora e apaixonante. O profissional da reabilitação é aquele disposto a, a partir do pouco, fazer muito, a "pensar fora da caixa", a inovar, a propor caminhos onde inicialmente, não se viam nem trilhas. É aquele que tem o olhar acurado para entender além do observado, profissional capaz de criar conexões entre o, a princípio, inconectável. Uma pessoa detalhista, curiosa, dinâmica, observadora, e sim, sensível, versátil, pragmática, mas sempre conectada ao humano. Então, realmente, penso na analogia de um escultor. Somos escultores! Escultores de novas realidades, novos comportamentos, novas vivências e comportamentos, de novas ocupações e funcionalidades! E para tanto requeremos tudo o que foi mencionado acima, e manejamos todos estes componentes, ou ingredientes, com uma precisão estequiométrica, assim, somos escultores e alquimistas. Aonde entra a paixão? Esta é a parte mais fascinante para mim! Não temos receita de nada (mesmo em indivíduos com o mesmo diagnóstico!), logo, novo paciente, novas fórmulas, novos desafios e resultados, novas esculturas!

Gosto muito de uma célebre frase de Henry Alder, que diz que "o cérebro humano tem sido descrito como o único computador universal que pode funcionar com glicose (...). Infelizmente, também é o único computador que é entregue sem manual de instruções. Assim, vemo-nos obrigados a aprender à medida que evoluímos". Imagine ao acrescentarmos as emoções, as experiências e histórias de vida, o ambiente? Quanta imprevisibilidade! Mas quão belo é este componente para a criação! Esta é a beleza da nossa obra de arte, aprendemos e reaprendemos com nossos pacientes. À medida que os auxiliamos a esculpir ou a (re) esculpir as suas próprias vidas, também eles nos auxiliam a esculpir as nossas, mudamos e somos mudados a cada instante.

Desta forma, realmente muitos dos itens acima não são adquiríveis, são traço, não estado. São características de indivíduos, que os tornam mais inclinados para serem reabilitadores. Mas e as outras? Aquelas que demandam sim um aprendizado e aprimoramento? É para esta que estes manuais e os seus respectivos *boxes* foram criados. Partiram do meu desejo e maior comprometimento de formar profissionais de reabilitação, para que juntos, e em cooperação somemos para o fortalecimento desta área no nosso país e, sem dúvida, agreguemos todo o ferramental científico de que ela tanto necessita. Assim, vários são os títulos, mas em todos, você, profissional da reabilitação, que já dispõe de todas as características traço ressaltadas acima, encontre as respostas para todas as suas perguntas práticas. O eixo central, a linha mestra, é o *Modelo Abrangente de Reabilitação Neuropsicológica* (Loschiavo Alvares & Wilson, 2020). Mas todas as questões objetivas e pragmáticas serão nesta coletânea apresentadas de forma didática, fluida, eminentemente clínica, no estilo "como eu faço". E é claro, ela não poderia ter outro nome senão *Como eu faço a Reabilitação Neuropsicológica.*

Este Manual, intitulado *Manual de Estratégias para Abordagem da Ansiedade em Pacientes com Traumatismo Cranioencefálico*, um dos manuais extra da supracitada coletânea, tem como propósito central capacitar o profissional da reabilitação a abordar de forma pragmática as questões relativas à ansiedade e a tudo a ela associada, em pacientes com traumatismo cranioencefálico, de uma maneira clínica, contextualizada e objetiva. Este manual é uma tradução inédita de seu homônimo espanhol, e é fruto de um vasto trabalho clínico e científico dos doutores Laiene Olabarrieta Landa, Mariantonia Lemos, Giselle Leal e Juan Carlos Arango Lasprilla, profissionais de excelência nas áreas da psicologia e neuropsicologia.

Diante do exposto, desejo-lhes uma leitura profícua e enriquecedora, além de claro, muito inspiradora, para que assim, agreguem ferramentas mais "refinadas" e acuradas à extensa bagagem, que tenho certeza, vocês já trouxeram para esculpirem as obras de arte de vocês.

Fabricia Quintão Loschiavo Alvares

INTRODUÇÃO

Segundo o Centro de Controle e Prevenção de Doenças (*Centers for Disease Control and Prevention* – CDC, na sigla em inglês) (2003), o traumatismo cranioencefálico (TCE) é definido como uma interrupção na função normal do cérebro que pode ser causada por um golpe, um movimento de aceleração e desaceleração ou uma lesão penetrante na cabeça. O TCE é uma das principais causas de morte e incapacidade em adultos jovens em todo o mundo (De Silva et al., 2009). Na América Latina, as principais causas de TCE são os acidentes de trânsito e a violência física (Hyder, Wunderlich, Puvanachandra, Gururaj & Kobusingye, 2007; Puvachandra, Gururaj & Kobusingye, 2008).

Os TCE costumam desencadear uma série de problemas físicos, cognitivos e emocionais, tanto a curto quanto a longo prazo (Iverson, 2005; Lezak, Howieson & Loring, 2004; Iverson & Lange, 2011). As sequelas, em grande medida, dependem da gravidade da lesão, de sua localização e da presença de complicações médicas (Dikmen, Machamer, Winn & Temkin, 1995). As áreas mais comumente afetadas incluem os sistemas motores e sensoriais, as alterações cognitivas (atenção, memória, linguagem, habilidades visuoespaciais e funções executivas), as alterações comportamentais e emocionais (Dikmen, Machamer, Powell & Temkin,

2003; Iverson, 2005; Lezak, Howieson & Loring, 2004). Todas essas costumam levar as pessoas a apresentarem dificuldades na hora de sua reintegração social, familiar ou laboral (Iverson & Lange, 2011), o que pode ter um impacto negativo em sua qualidade de vida (Powell et al., 2012; Stålnacke, 2007).

O TCE não afeta somente o paciente, mas também afeta sua família (Cavallo & Kay, 2005; Landau & Hisset, 2008). Por exemplo, é comum que as relações interpessoais, incluindo as dinâmicas familiares e do casal, experimentem mudanças após um TCE (Cavallo & Kay, 2005). Alguns dos problemas interpessoais que surgem depois de um TCE podem ocorrer devido às mudanças significativas nos papeis e nas expectativas dentro da relação matrimonial, já que é possível que o cuidador receba menos apoio nas tarefas do lar, nos cuidados com os filhos e nas responsabilidades financeiras, resultando em problemas maritais e na perda de apoio emocional (Blais & Boisvert, 2005; Backhaus et al., 2010).

A incidência de transtornos neuropsiquiátricos decorrentes de um TCE oscila entre 30% e 80% dos pacientes (Riggio, 2010), sendo a ansiedade e a depressão dois dos transtornos mais comuns. Segundo o Instituto Nacional de Saúde Mental (*National Institute of Health* – NIH, na sigla em inglês), os transtornos de ansiedade são condições de saúde mental caracterizadas por uma cascata de sensações fisiológicas, como palpitações, tensão muscular e aumento da frequência respiratória. Também podem apresentar quietude ou sensação de nervosismo, fadiga, dificuldade de concentração, irritabilidade e alteração do sono (Chand & Marwaha, 2022). Alguns dos sintomas mais comuns de ansiedade depois de uma lesão cerebral incluem medo, preocupação intensa, inquietude, isolamento social, problemas para dormir e labilidade emocional (Rao & Lyketson, 2002).

Os transtornos de ansiedade e a ansiedade clinicamente significativa costumam ser mais prevalentes em pacientes com TCE. Por exemplo, o transtorno de ansiedade generalizada costuma ser mais comum nessa população do que na população geral (APA, 2013). Vários estudos demonstraram que uma pessoa com TCE tem três vezes mais probabilidade de apresentar altos níveis de ansiedade do que alguém da população geral; mais de duas vezes e meia mais probabilidade do que aqueles com outras afecções médicas e quase o dobro do que seus familiares e amigos mais próximos (Osborn, Mathias & Fairwather-Schmidt, 2016). Por outro lado, estima-se que a prevalência da ansiedade depois de uma lesão cerebral traumática varie consideravelmente, a partir de 2% (Koponen et al., 2002) a 83% (King & Kirwilliam, 2011). Possíveis explicações para essa variabilidade podem estar relacionadas ao fato de que a ansiedade pode ser definida tanto em termos gerais quanto em termos específicos, e existem diferenças entre os estudos no que diz respeito à metodologia e amostras. Alguns fatores de risco que aumentam a incidência desses transtornos são: idade, baixos níveis de escolaridade, histórico de problemas psiquiátricos, uso de substâncias psicoativas e impacto emocional associado ao trauma (Perez & Agudelo, 2007).

Junto aos déficits cognitivos, o desenvolvimento de um transtorno neuropsiquiátrico dificulta a reintegração do paciente na comunidade depois de um TCE (Kim et al., 2007). Viver com um TCE gera estresse, medo e preocupação, já que implica em mudanças transitórias e permanentes na vida das pessoas e de suas famílias. As mudanças causadas pelo TCE geram um impacto negativo sobre os familiares e cuidadores, pois eles devem adaptar suas expectativas em relação às interações e relações com seus entes queridos. As mudanças neurocomportamentais causam angústia e frustração intrafamiliar e podem trazer o temor de sofrer outra lesão cerebral.

Os pacientes com TCE que apresentam transtorno de ansiedade também precisam de tratamento psicológico e de reabilitação (Bernal-Pacheco, Vega-Rincon & Hernandez-Preciado, 2009). A reabilitação pode ocorrer na etapa aguda, enquanto a pessoa se encontra hospitalizada, assim como na comunidade, na etapa pós-aguda. A psicologia tem uma longa história de pesquisa e prática na avaliação neuropsicológica de pacientes com lesão cerebral e existe um interesse crescente em criar, provar e proporcionar intervenções psicológicas adequadas para manejar ou tratar esses problemas (Bédard et al., 2014).

A terapia cognitivo-comportamental é uma modalidade com base científica que comumente é utilizada para tratar os transtornos de ansiedade (Beck, 1976). Baseia-se em guiar os pacientes para que reestruturem seus pensamentos e modifiquem a maneira de interpretar e valorizar as situações e experiências que enfrentam. O tratamento dessas condições neuropsiquiátricas costuma resultar na diminuição da incapacidade e em uma melhor qualidade de vida (Beck, 1976). Dessa maneira, fomenta que os pacientes interpretem o mundo de uma maneira mais adaptativa, equilibrada e realista, impactando positivamente no seu estado psíquico (Beck, 1976). A aplicação da terapia cognitivo-comportamental em pacientes com TCE está orientada a melhorar o enfrentamento, a reduzir a raiva, a depressão, a ansiedade e os sintomas do transtorno de estresse pós-traumático, e seus resultados têm sido promissores (Waldron, Casserly & Sullivan, 2013; Block & West, 2013). No entanto, ainda são necessárias adaptações para melhorar a eficácia das intervenções nessa população (Gallagher, McLeod & McMillan, 2019). As intervenções familiares também poderiam ajudar a diminuir os sintomas da ansiedade tanto no paciente quanto na sua família (Cavallo & Kay, 2005) e repercutir de forma positiva no processo de recuperação do paciente (Kreutzer, Marwitz, Godwin & Arango-Lasprilla, 2010).

Em um estudo de metanálise que avaliou as intervenções cognitivo-comportamentais para reduzir a ansiedade em pessoas com TCE, encontrou-se que esse tipo de intervenção resulta em uma redução pequena, mas potencialmente significativa, dos sintomas de ansiedade (Little, Byrne & Coetzer, 2020). Esses dados contribuem com evidências para a utilização desses tipos de intervenções que são simples de administrar e apresentam poucos efeitos secundários em comparação com as intervenções farmacológicas (Shermuly--Haupt, Linden & Rush, 2018; Warden et al., 2006; Perna, Bordini & Newman, 2001).

Atualmente, não existem tratamentos em grupo para o controle dos problemas de ansiedade para falantes de espanhol[1] com TCE. Este manual apresenta intervenções cognitivo-comportamentais e de *Mindfulness* junto com estratégias compensatórias, apropriadas para pacientes com TCE, com o propósito de facilitar a participação desses pacientes através das diferentes sessões. Os exercícios e exemplos utilizados em cada sessão estão adaptados a situações comumente experimentadas pelos pacientes com TCE e contam com validade ecológica, o que permitirá uma maior generalização das estratégias aprendidas. Espera-se que a utilização deste tratamento possa contribuir com o arcabouço de conhecimento que existe na literatura científica para tratamento destes problemas.

[1] Este livro foi originariamente redigido e publicado em espanhol. Foi traduzido para o português e incluído na coletânea *Como Eu Faço a Reabilitação Neuropsicológica* por trazer uma temática de extrema relevância para a área, além de agregar importantes ferramentas clínicas para o profissional da reabilitação.

COMO USAR ESTE MANUAL?

Este manual foi organizado em duas partes. A primeira, a partir da página 25, foi destinada à estruturação do programa de intervenção, com a apresentação de cada sessão, suas diretrizes e respectivos procedimentos. Desta forma, para cada uma das doze sessões componentes deste programa, são apresentados os objetivos específicos, a duração, os materiais necessários e todas as atividades relacionadas com cada uma. Ao longo destas atividades, várias menções são feitas a *slides*, folhas de atividade, fichas, que por sua vez, foram todos compilados e detalhadamente apresentados na segunda parte desde manual, à partir da página 159. Logo, todos os materiais complementares a serem aplicados em cada uma das sessões estão integralmente disponibilizados na Parte 2 deste manual. Como será percebido, ainda nesta parte, todas as sessões iniciam-se no *slide* 2, uma vez que o *slide* 1 sempre se refere aos objetivos de cada sessão, descritos quando na apresentação destas, na Parte 1.

Ao longo da apresentação das sessões foram usadas letras em itálico, para ressaltar as falas do terapeuta, quando na condução dos atendimentos, e outras frases entre colchetes a fim de explicitar as orientações relevantes. Desta forma, a partir desta estrutura, todo o programa para abordagem da ansiedade foi cuidadosamente pormenorizado, a fim de prover um referencial pragmático e objetivo como efetiva referência clínica para você, reabilitador.

Visando, ainda, a maior aplicabilidade de todo o conteúdo aqui apresentado, todos os materiais complementares estão disponibilizados, eletronicamente para *download*, no *QR Code* que se encontra abaixo.

***QR code* para acesso a todos os materiais complementares**

CRITÉRIOS DE INCLUSÃO E EXCLUSÃO

Para poder fazer parte desse programa de intervenção, as pessoas devem: 1) ter o diagnóstico de TCE leve ou moderado, confirmado mediante avaliação neurológica ou através da histórica clínica; 2) ter tido o TCE pelo menos um ano antes; 3) ser maior de 18 anos; 4) saber ler e escrever; 5) ter, no mínimo, seis anos de escolaridade; 6) ter o espanhol como língua materna[2]; 7) apresentar uma pontuação igual ou superior a 23 no Mini Exame do Estado Mental; 8) apresentar queixas subjetivas de problemas de ansiedade durante os últimos seis meses; e 9) apresentar uma pontuação igual ou superior a 10 na escala de ansiedade *Generalized Anxiety Disorder* (GAD).

Os critérios de exclusão são: 1) ter tido história de problemas neurológicos, psiquiátricos ou de desenvolvimento antes do TCE; 2) história de consumo de álcool e drogas; 3) estar recebendo atualmente tratamento farmacológico ou psicológico para algum problema psiquiátrico; 4) apresentar afasia ou transtornos de linguagem no momento de começar a intervenção; 5) ter déficits severos de memória; 6) apresentar pensamentos de ideação suicida medidos mediante o item 9 do *Patient Health Questionnaire* (PHQ-9).

[2] Pode ser adaptado também para falantes de português.

Recomenda-se explicar de maneira detalhada em que consiste a intervenção e deixar um tempo para que os participantes façam qualquer pergunta relacionada a ela. Uma vez que os detalhes sejam entendidos e que os indivíduos tenham aceitado participar, serão entregues os questionários para serem preenchidos.

O que devo fazer diante de situações adversas como, por exemplo, ataques de pânico, crises de ansiedade etc.?

É importante anotar que, caso os pacientes apresentem sintomas de ansiedade durante as sessões, sejam eles leves ou moderados, é necessário que quem esteja dirigindo a sessão, assim como o coterapeuta, mantenha a postura indicada pelo programa em relação à ansiedade: é preciso confrontar os sintomas de ansiedade, mas não os temer, pois essa é precisamente a base da terapia de exposição, parte central do programa.

As estratégias de *Mindfulness* realizadas no início de cada sessão poderão ajudar a equilibrar a emoção do participante que se encontra desequilibrado, assim como "desviar a atenção", ou seja, o terapeuta deve começar a falar com ele, ou ela, sobre como esse participante vê o programa, quais ações aprendidas podem ser colocadas em prática, o que o participante está gostando mais ou não gostando; desviando a atenção dos sintomas e diminuindo o sentido interoceptivo que mantém os sintomas de ansiedade.

Depois que o paciente estiver mais calmo, é possível perguntar como ele se sente e fazer uma retroalimentação da importância que existe em se concentrar nos sintomas como eles realmente são e na utilidade das estratégias de *Mindfulness*, ou seja, desviar a atenção para não alimentar os sintomas, permitindo uma expressão emocional mais adequada.

Parte 1

ESTRUTURAÇÃO DO PROGRAMA DE INTERVENÇÃO

SESSÃO 1
CARACTERÍSTICAS DO PROGRAMA

1

OBJETIVOS DA SESSÃO

1) Explicar os objetivos da intervenção;
2) Explicar o formato de cada uma das sessões;
3) Apresentar as regras a serem seguidas durante a intervenção;
4) Completar os questionários da linha de base do programa;
5) Atribuir a tarefa para casa.

DURAÇÃO

90 minutos

MATERIAIS

- Lousa ou quadro para escrever;
- Pastas;
- Canetas;
- Questionários.

BOAS-VINDAS E APRESENTAÇÃO DA INTERVENÇÃO (10 MINUTOS)

Bom dia/tarde, meu nome é [dizer seu nome] *e serei seu terapeuta durante as próximas semanas. Durante este programa, vamos trabalhar juntos para ajudar vocês a superar e/ou controlar os sintomas de ansiedade que podem surgir depois do TCE. É comum que qualquer um de nós possa se sentir preocupado ou sinta ansiedade em algum momento da vida, mas a verdade é que, depois de um evento estressante como o TCE, esses problemas costumam se apresentar com mais frequência. Isso acontece porque o TCE traz uma série de mudanças na vida de uma pessoa, mudanças pelas quais a maioria de nós não está preparada para enfrentar. Mesmo que essas mudanças possam variar de pessoa para pessoa, a maneira como enfrentamos essas demandas tende a ser similar. Por exemplo, é comum encontrar pessoas que enfrentem essas mudanças apresentando condutas de evitação, nervosismo, crenças negativas, entre outras.*

O objetivo deste programa não é eliminar as preocupações, já que, como vamos ver durante as sessões, preocupar-se é uma reação normal que todo mundo já sentiu em algum momento [mostrar *slide* 2]. *Porém, trata-se de aprender a lidar com essas preocupações para que elas não se convertam em ansiedade e nos impeçam de levar adiante as atividades da nossa vida cotidiana de forma satisfatória. Ou seja, vamos aprender a 1) compreender que depois de um TCE é comum encontra pessoas que sofram com ansiedade; 2) definiremos o que é ansiedade, quais são seus elementos básicos e que papel as crenças e mitos têm para que ela se mantenha; 3) aprenderemos estratégias de enfrentamento para superar e/ou lidar melhor com a ansiedade; e 4) aprenderemos estratégias que nos ajudem a prevenir recaídas futuras.*

Este programa é formado por 12 sessões de 90 minutos cada uma [mostrar *slide* 3], *nas quais serão utilizados os princípios da terapia cognitivo-comportamental na hora de enfrentar a sintomatologia ansiosa. Em cada sessão, aprenderemos sobre um tema ou uma habilidade, praticaremos alguns exercícios na sessão e serão atribuídas tarefas para casa. Como podem ver no slide* [mostrar *slide* 4], *estes são os temas que vamos tratar durante as próximas sessões. Como estão vendo, todas as sessões estão voltadas a aprender a controlar a ansiedade.*

Todas as sessões seguem a mesma estrutura. Sempre começaremos com a revisão da tarefa para casa. O objetivo será ver se vocês fizeram as tarefas e quais foram as dificuldades que tiveram durante sua realização. Depois, faremos uma pequena apresentação, na qual explicaremos algum tema, conceito, habilidade ou estratégia para controlar a ansiedade e também trabalharemos sobre isso com tarefas específicas que praticaremos durante a sessão. Hoje, iremos entregar uma pasta que deve ser trazida em toda sessão. A razão para isso é simples: durante as sessões, vamos trabalhar com fichas de trabalho que serão preenchidas durante as sessões e eu gostaria que guardassem cada uma delas até o final do programa para que possam utilizá-las no futuro se tiverem essa necessidade. Para finalizar, cada sessão termina com uma tarefa para casa.

APRESENTAÇÃO DOS PARTICIPANTES E AS PAUTAS (10 MINUTOS)

Muito bem, agora que já me apresentei e já sabemos de que se trata o programa, gostaria que cada um de vocês se apresentasse. Começaremos por aqui [indicar uma pessoa]. *Por favor, diga seu nome e alguma coisa que queira compartilhar conosco como, por exemplo, porque você veio para esse programa.*

Deixar o tempo necessário para que cada participante se apresente. É importante limitar o tempo de apresentação de cada um para que não se estenda muito. É recomendável deixar 1 minuto por pessoa. É importante que o/a terapeuta dê a cada um dos participantes um adesivo para ser colado em um lugar visível, onde estará escrito o nome do participante, e que os outros participantes também utilizem um adesivo para aprender os nomes de cada um dos integrantes do grupo. Assim, em cada momento da terapia os participantes poderão ler o nome da pessoa para a qual quer se dirigir.

Ótimo, agora que nos apresentamos, gostaria que discutíssemos algumas regras que todos e todas teremos de cumprir para que as sessões possam fluir [mostrar o *slide* 5]. *Essas regras foram criadas para melhorar a comunicação e manter o respeito mútuo. As regras estarão presentes em todas as sessões. Se algum de nós notar que essas regras não estão sendo cumpridas, é importante relatar o ocorrido para que todos façamos silêncio e possamos identificar qual regra não foi cumprida e o porquê. Depois disso, entre todos nós, buscaremos a melhor forma de fazê-la ser cumprida. A seguir, vamos ler cada uma delas.*

- *Regra nº 1: Pontualidade. Comparecerei pontualmente a todas as sessões. Isso mostra meu respeito com o tempo dos demais.*
- *Regra nº 2: Frequência. Comparecerei a todas as sessões. Se, por alguma circunstância, tiver que me ausentar, avisarei imediatamente ao terapeuta.*
- *Regra nº 3: Confidencialidade. Tudo o que for falado durante as sessões é privado, portanto, não compartilharei com ninguém de fora deste programa. A exceção à esta regra acontece se eu mencionar que farei algum dano a mim mesmo ou a outra pessoa. O terapeuta deverá me encaminhar imediatamente a um profissional que possa me ajudar a lidar melhor com a situação.*
- *Regra nº 4: Respeito e escuta ativa. Quando um companheiro ou companheira estiver falando, não irei interromper e prestarei atenção ao que estiver sendo dito. É imprescindível que uma pessoa fale de cada vez e que não existam conversas paralelas.*
- *Regra nº 5: Permitir que os outros falem. Como todos vamos participar ativamente do programa, é importante que todos tenham a oportunidade de compartilhar suas experiências.*

- *Regra nº 6: Falar por si mesmo. Quando tomar a palavra, sempre falarei de mim, de minhas experiências, meus pensamentos e meus sentimentos. Evitarei dizer o que os outros possam estar pensando ou sentindo, como se estivesse lendo suas mentes.*
- *Regra nº 7: Realizar as tarefas. É importante praticar as habilidades ou estratégias aprendidas nas sessões, para que elas sejam efetivas. Além disso, realizarei as tarefas que forem indicadas para serem feitas em casa.*
- *Regra nº 8: Expressar inquietações. Não guardarei para mim nenhuma dúvida ou inquietação. Perguntarei ao terapeuta durante as sessões ou, caso seja uma pergunta pessoal [comprometedora], perguntarei em privado quando a sessão terminar.*
- *Regra 9: Caixa de correio das dúvidas. No caso de ter alguma dúvida ou inquietação que queira resolver durante a sessão, mas sem me identificar, poderei usar a caixa de correio das dúvidas. Colocarei nelas as perguntas de forma anônima. Se houver poucas dúvidas, saberei que meu anonimato estará garantido, pois na caixa haverá perguntas criadas pelo terapeuta e que foram colocadas anteriormente (com antecedência).*

[As regras podem ser escritas em uma lousa e mantidas presentes em cada sessão para que os participantes as tenham à vista.]

CONSENTIMENTO E PREENCHIMENTO DE QUESTIONÁRIOS (30 MINUTOS)

Para continuarmos com a sessão introdutória de hoje, gostaria de pedir que vocês preenchessem os questionários que vou passar a seguir. Como podem ver, são questionários simples, que medem a sintomatologia depressiva, ansiosa, nossa maneira de enfrentar os acontecimentos, entre outros. Não existem respostas certas ou erradas, os questionários apenas procuram recolher informações sobre suas experiências, pensamentos e emoções. Quando terminarmos o programa, pedirei novamente que preencham os questionários. Assim, poderemos saber se sua experiência e controle da ansiedade variou desde o início do programa.

[Na tabela seguinte – Tabela 1 –, são apresentados os questionários a serem utilizados e quais aspectos cada um deles mede. Se algum questionário não estiver disponível, recomenda-se utilizar outro questionário validado que meça o mesmo constructo que foi proposto aqui.]

Tabela 1 – Questionários utilizados

Questionário	O que é medido
Patient Health Questionnaire (PHQ-9)	Depressão
Generalized Anxiety Disorder (GAD)/*Beck Anxiety Inventory*	Ansiedade
Coping Orientation to Problems Experienced) Inventory (*Brief* COPE)	Estilos de enfrentamento
Short Form Health Survey (SF-12)	Qualidade de vida
Inventário de Resolução de Problemas (IRP)	Resolução de Problemas
Escala de Conexão Corporal (*Scale of Body Connection* – SBC)	*Mindfulness*

Fonte: Elaborado pelos autores.

Vocês têm alguma dúvida que eu possa esclarecer? [Se houver dúvidas, responder]. *No restante do tempo da sessão, iremos preencher os questionários que, como eu já disse, permitirão saber um pouco mais sobre as experiências, pensamentos e emoções que vocês têm em relação a algum evento que lhes cause ansiedade. Por favor, peço que os preencham por completo, de maneira individual. Caso tenham alguma dúvida, por favor, perguntem.*

DESCANSO (5 MINUTOS)

[Passados 30 minutos, anuncie um pequeno descanso de 5 minutos.]

CONTINUAÇÃO DO PREENCHIMENTO DOS QUESTIONÁRIOS (30 MINUTOS)

Depois desse pequeno descanso, vamos continuar com os questionários. Por favor, lembrem-se de preencherem por completo e de maneira individual. Se tiverem alguma dúvida, por favor, perguntem.

Atribuir a tarefa para casa: *Preocupações comuns depois de um dano cerebral* (5 minutos)

Já chegamos ao fim da sessão de hoje e, como havia comentado, sempre vamos terminar com uma tarefa que deve ser realizada em casa e trazida na sessão seguinte. Lembrem-se de que uma das regras é realizar as tarefas, assim, vocês praticam o que aprenderam e se preparam para a próxima sessão. Muito bem, dito isso, gostaria de pedir que, para a próxima sessão, tragam esse documento preenchido. [Entregar a tarefa para casa.] *Como podem ver, nesta folha aparece uma série de preocupações comuns que as pessoas que sofreram um dano cerebral apresentam. Também podem observar que essas preocupações estão divididas segundo sua temática (por exemplo, físicas, emocionais). Por favor, leiam com atenção e respondam todas as perguntas da forma mais sincera possível. Ao final, podem observar um espaço para colocarem outras preocupações que vocês tenham e que não estejam apresentadas no questionário. Podem guardar a folha da tarefa na pasta e, se necessário, escrevam um lembrete na agenda/celular para não se esquecerem de completá-la. Bom dia a todos, nos vemos na próxima sessão.*

2

SESSÃO 2
O TRAUMATISMO CRANIANO COMO UM EVENTO ESTRESSANTE

OBJETIVOS DA SESSÃO

1) Realizar a psicoeducação sobre o TCE e seu impacto como um evento estressante;
2) Revisão da tarefa para casa;
3) Compartilhar com os participantes suas experiências e preocupações sobre o que representa para eles viver com um TCE;
4) Normalizar e validar as preocupações que os pacientes apontarem;
5) Apresentar aos pacientes o *Mindfulness* através de um exercício;
6) Atribuir a tarefa para casa.

DURAÇÃO

- 90 minutos

MATERIAIS

- Lousa;
- Pasta;

- Caneta;
- Folha para anotações (os participantes com dificuldades de motricidade fina podem utilizar um *Ipad/Tablet* para tomar notas);
- Folha(s) de tarefas.

BOAS-VINDAS E INÍCIO DA PSICOEDUCAÇÃO (20 MINUTOS)

Bom dia/tarde a todos/as. Durante a sessão de hoje, gostaria de conhecê-los melhor e falar sobre como o TCE impactou a vida de cada um de vocês. Para isso, explicarei pouco a pouco em que consiste um TCE e as consequências que ele acarreta; enquanto isso, vocês preencherão as folhas de trabalho que entregarei e que têm como objetivo conhecer melhor o que vocês pensam, para que depois possamos falar a respeito. Como eu disse, o propósito é conhecê-los, por isso agradeceria sua colaboração e participação. Também aproveito para lembrar a vocês das regras que estabelecemos na primeira sessão, para que o programa flua. Lembro a vocês que elas estão a sua disposição aqui [apontar para o lugar em que o terapeuta deixou afixadas as regras].

Bom, dito isso, podemos começar. Imagino que todos vocês, neste momento, sabem mais ou menos o que é um TCE. Mesmo assim, gostaria de falar sobre isso para nos assegurarmos de que todos e todas entendem da mesma maneira. Um TCE acontece quando o cérebro é lesionado. Esta lesão, como podem observar no slide [mostrar *slide* 2], *pode ser provocada pelo golpe direto de um objeto na cabeça, que rompe o crânio e alcança o cérebro, por exemplo, uma ferida de bala. Esse tipo de TCE é chamado de aberto, pois provoca uma ruptura do crânio; mas o cérebro também pode estar lesionado sem que haja a ruptura do crânio, o que chamaríamos de um TCE fechado. Isso acontece, por exemplo,* [mostrar *slide* 3], *quando, ao dirigir, freia-se bruscamente e o cérebro, que podemos imaginar como um objeto flutuando em água, leva um golpe duro contra o crânio. Portanto, nem sempre é necessária uma ruptura do crânio para ocorrer um TCE.*

Existem muitas formas de ter um TCE, que vão desde acidentes automobilísticos, quedas, golpes que acontecem durante a prática de atividade esportiva etc. Todos esses TCE costumam provocar uma série de sintomas que, de uma forma ou de outra, afetam o desempenho adequado nas atividades de nossa vida cotidiana. A seguir, quero rever com vocês algumas das sequelas mais comuns que as pessoas que sofreram um TCE apresentam. Para começar, vou pedir que reencham a seguinte folha [distribuir a *Folha de trabalho* 1]. *Como podem ver, na folha estão apresentadas três tabelas com um título cada uma: sequelas físicas, emocionais e comportamentais, e cognitivas. Sua tarefa consiste em apontar quais destas sequelas vocês apresentam atualmente. Se tiverem alguma inquietação, não hesitem em perguntar. Se algum de vocês apresenta uma sequela que não aparece representada nestas tabelas, podem escrevê-la no espaço "Outro(s)".*

[Deixar 10 minutos para que os pacientes possam preencher com tranquilidade o documento. Durante o exercício, o/a terapeuta deixará a imagem do *slide* 4 projetada, para que os participantes tenham visíveis os três grupos de sequelas. Se surgir alguma dúvida, ela deve ser resolvida imediatamente. Cada área apresenta exemplos de sequelas, mas o/a terapeuta pode apresentar outros. Caso algum paciente não entenda algum conceito (por exemplo, Fadiga), o/a terapeuta deve explicá-lo e apresentar exemplos. Caso algum paciente tenha dificuldades de na escrita, é possível preencher o documento em um *Tablet* ou o terapeuta e coterapeuta podem ajudar a escrever as respostas. Quando os participantes terminarem, continuar dizendo:]

Bem, agora vou escrever na lousa as áreas e cada um de vocês irá falar as sequelas que anotou em cada área [Quando todos os participantes tiverem dado duas respostas e a tabela na lousa estiver completa, prosseguir]. *Aqui temos a tabela final preenchida por todos/as. Como podem observar, nem todos apresentam sequelas em todas as áreas, nem todos apresentam as mesmas alterações. Entretanto, podemos observar como o TCE gera diferentes tipos de sequelas e, como vocês bem indicaram, algumas são persistentes a curto e longo prazo e outras não.*

CONTINUAÇÃO DA PSICOEDUCAÇÃO: CONSEQUÊNCIAS E IMPACTO NA VIDA (25 MINUTOS)

Agora que falamos sobre as sequelas mais comuns que as pessoas com TCE costumam apresentar, gostaria de saber sua opinião sobre o impacto que essas sequelas podem ter na vida das pessoas que sofrem com elas, ou seja, quais consequências ou implicações podem ter para uma pessoa viver com esses problemas. Gostaria que vocês participassem contando suas próprias experiências. Para ajudá-los na tarefa, peço que se reúnam em grupos de 2-3 pessoas. Direi um aspecto da vida e a tarefa de vocês é discutir em grupo se alguma das sequelas teve impacto nesse aspecto apresentado. Vocês devem anotar as respostas nesta folha que vou distribuir [Folha de trabalho 2]. *Depois, cada um dos grupos compartilhará conosco suas experiências neste aspecto. Esta atividade ajudará a nos conhecermos melhor e nos ajudará a trabalhar com vocês nas próximas sessões.*

[Deixar alguns minutos para que os participantes se reúnam em grupos e continuar em seguida:] *O primeiro âmbito de vida que vou apresentar é o familiar. Por favor, discutam entre vocês do grupo e anotem como as sequelas que vimos anteriormente têm ou tiveram alguma consequência ou impacto em sua vida familiar. Depois compartilharemos as respostas.*

[Determinar 5 minutos para que discutam e anotem as respostas. Caso não pensem em nenhuma consequência, o/a terapeuta pode colocar alguns exemplos do Anexo. Uma vez finalizada a tarefa, apontar:] *Vejamos o que cada grupo discutiu. Vocês, alguém poderia compartilhar com os outros grupos como as sequelas impactaram sua vida familiar?* [Esperar a resposta, escutar e validar, permitindo que os membros de outros grupos contribuam com seu ponto de vista e anotar na lousa, de forma resumida, as consequências. Quando cada grupo tiver acrescentado algo, passar para o próximo âmbito da vida, continuando com as mesmas regras e procedimentos. Os próximos âmbitos da vida a serem trabalhados são o social, laboral e pessoal.]

INCERTEZAS E PREOCUPAÇÕES COMUNS (20 MINUTOS)

Muito obrigada pelas suas valiosas contribuições. Agora já vimos como o TCE pode criar problemas no nível físico, cognitivo, emocional e comportamental que variam entre as pessoas, que apresentam consequências muito distintas nas diferentes esferas da vida. Agora, vocês acreditam que uma mesma sequela pode acarretar as mesmas preocupações para diferentes pessoas? Por exemplo, acabar em uma cadeira de rodas por uma lesão na medula espinhal por causa de um acidente pode ser igualmente preocupante para uma pessoa que trabalha como administradora ou para uma que é uma professora de educação física? Ou no caso de que ambas sejam professoras de educação física, terão as mesmas preocupações ou terão a mesma intensidade se uma for jovem e tiver acabado de começar sua carreira profissional e a outra estiver muito perto da idade de se aposentar?

[Determinar um tempo para a reflexão e o debate. O que se busca é que os participantes com sequelas similares percebam que para um, o que preocupa é determinado aspecto da vida, que pode ou não coincidir com o de seu companheiro/a com sequelas parecidas. Deixar no máximo 10 minutos de discussão.]

Agora eu gostaria que vocês pegassem a tarefa para casa, na qual pedi que apontassem quais preocupações vocês apresentam daquelas que aparecem indicadas no documento, ou quais apresentam, mas não estão indicadas. Como comentei no dia anterior, trata-se de preocupações comuns apresentadas por pessoas que sofreram um TCE. Por favor, gostaria de saber quantos de vocês apresentam as mesmas preocupações e por que elas os inquietam. Para que todos possam falar, iremos de um por um.

[Quando os pacientes terminarem de apontar suas preocupações, o/a terapeuta dirá:] *Como podemos ver, a maioria das suas preocupações estão focadas* [apontar qual área das três apresentadas no questionário apresenta mais preocupações dos pacientes]. *Agora, vamos fazer um pequeno descanso de 5 minutos e, quando voltarmos, continuaremos falando sobre essas preocupações.*

DESCANSO (5 MINUTOS)

[Fazer um pequeno descanso de 5 minutos.]

A IMPORTÂNCIA DO CONTROLE DAS PREOCUPAÇÕES (20 MINUTOS)

[No retorno do descanso, iniciar:] *Depois desse pequeno descanso, vamos retomar com as preocupações que vocês apontaram. Como puderam observar, as preocupações e incertezas que o TCE gera podem variar entre pessoas, mas também existem preocupações comuns que todos, em maior ou menor medida, puderam ter em algum momento. Todos temos preocupações em nossas vidas que em si não representam um problema. As preocupações fazem com que pensemos em determinada problemática e nos colocam em atividade para buscar soluções ou procurar melhorar a situação. O problema acontece quando essa preocupação apresenta uma intensidade exagerada e não nos deixa avançar, nos bloqueia. Durante este programa, vamos trabalhar naquelas preocupações que nos sobrecarregam, utilizando técnicas que nos ajudem a enfrentá-las.*

Hoje vamos começar com um exercício de Mindfulness. Antes de começar, gostaria de pedir que digam, em uma escala de 0 a 10, quão ansiosos ou nervosos vocês se sentem neste momento. Pensem que 0 equivale a nada ansioso/nervoso e 10 a totalmente ansioso/nervoso. Bem, agora vamos começar com um exercício muito simples. O que faremos primeiro é nos sentarmos em uma posição adequada, ou seja, estaremos eretos, mas cômodos, como podem ver no slide [mostrar o *slide* 5].

[O terapeuta deve se colocar na posição para que os pacientes possam imitá-lo. Através deste exercício, o que se busca é que as pessoas sejam conscientes de sua respiração. Para isso, vocês devem se sentar em posição de *Mindfulness*, ou seja, sentados em uma cadeira com os pés tocando o chão e as mãos sobre as coxas, ou no chão com as pernas cruzadas e as mãos nos joelhos. As costas devem estar eretas, como se houvesse um fio entre a cabeça e o céu. Esta postura básica pode ser adaptada segundo as limitações dos participantes.]

O que buscamos através desta posição é que o corpo mantenha o equilíbrio no relaxamento, mas que ao mesmo tempo esteja alerta. Para estes exercícios, quase sempre os olhos ficarão fechados para não nos distrairmos com outras coisas; no entanto, se preferirem deixá-los abertos, não há problema. É recomendável que o olhar esteja a 45 graus em direção ao solo, de tal forma que cada um esteja concentrado em si mesmo [apresentar a figura do *slide* 5].

Agora vamos começar sendo conscientes de nossa respiração e faremos algumas respirações profundas. Quero que se concentrem em sentir o ar entrar em seu corpo e todas as mudanças que acontecem enquanto o ar entra: a forma como o nariz se dilata, como o ar passa pela garganta, como o peito e o estômago se expandem. Vamos segurá-lo durante alguns segundos e expiraremos devagar. Para ajudar com este exercício, podemos imaginar um círculo que sobe e desce enquanto inspiramos e expiramos. Vamos ver um exemplo [mostrar a apresentação "Exercício de respiração"].

Enquanto fazemos o exercício, vamos nos concentrar somente na respiração e ver a bolinha subindo e descendo. É possível que outros pensamentos venham a nossa mente, sejam de coisas que devemos fazer, o que pensamos sobre o exercício ou apenas opiniões. Quando isso acontecer, a ideia é retomar a atividade, sem se julgar ou se repreender por ter se desviado da atividade. Vamos, então, continuar respirando.

[O exercício tem uma duração de 5 minutos. Durante o exercício, de tempos em tempos, é preciso lembrar os participantes que devem estar concentrados nos movimentos do corpo, em sentir como o corpo se expande e contrai com cada respiração, e lembrar que, quando ocorrerem outros pensamentos, apenas se deve retornar o pensamento para a atividade que estão fazendo.]

Bem, agora que terminamos, gostaria de pedir que me digam novamente como se sentem, utilizando a mesma escala que utilizamos previamente. Como se sentem neste momento?

ATRIBUIÇÃO DA TAREFA PARA CASA LISTA DE PREOCUPAÇÕES (5 MINUTOS)

O tempo desta sessão está acabando. Antes de terminar, gostaria que, para o próximo encontro, façam a seguinte tarefa para casa. [Distribuir a tarefa "Lista de preocupações"]. *Como podem observar, é apresentada uma lista de preocupações. Gostaria que dessem uma olhada nesta lista em casa e apontassem se determinada preocupação é excessiva ou não e por quê. Alguém tem alguma dúvida?* [Esperar a resposta. Se surgir alguma dúvida, ela deve ser resolvida imediatamente]. *Muito bem, nos vemos na próxima sessão. Lembrem-se de guardar a folha da tarefa na pasta e, se necessário, escrevam um lembrete na agenda/celular para que não se esqueçam de completá-la.*

SESSÃO 3
O QUE É A ANSIEDADE

3

OBJETIVOS DA SESSÃO

1) Revisar a tarefa de casa da semana anterior;
2) Explicar em que consiste a ansiedade e como ela pode se manifestar;
3) Entender como a ansiedade costuma ser comum em pessoas com TCE;
4) Apresentar o modelo de funcionamento cognitivo da ansiedade;
5) Aperfeiçoar a técnica *Mindfulness* de relaxamento;
6) Atribuir a tarefa para casa.

DURAÇÃO

- 90 minutos

MATERIAIS

- Lousa;
- Pasta;
- Caneta;

- Folha para anotações. Os participantes com dificuldades de motricidade fina podem utilizar um *Ipad/Tablet* para anotar;
- Folha(s) de tarefas;
- Registro de pensamentos.

BOAS-VINDAS (10 MINUTOS)

Bom dia/tarde a todos/as. Começaremos a sessão de hoje com um exercício de Mindfulness chamado Body Scan. Mas antes, gostaria de relembrar com vocês das regras que estabelecemos na primeira sessão para que o programa flua [ler as regras de forma breve]. *Lembro a vocês que elas estão a sua disposição aqui* [apontar para o lugar em que o terapeuta deixou afixadas as regras].

Agora sim. Para começar o exercício, peço que vocês se acomodem e fiquem na mesma postura que vimos na semana passada [mostrar o *slide* 2 e se sentar na mesma postura, para que os participantes imitem o terapeuta:] *sentados em uma cadeira, com os pés tocando o chão e as mãos sobre as coxas, ou no chão, com as pernas cruzadas e as mãos nos joelhos. As costas devem estar eretas, como se houvesse um cabo entre a cabeça e o céu* [O terapeuta deve lembrar que a posição pode ser adaptada às características dos participantes.] *Como fizemos na outra vez, antes de começar, gostaria de pedir que digam, em uma escala de 0 a 10, o quanto vocês se sentem ansiosos ou nervosos neste momento. Pensem que 0 equivale a nada ansioso/nervoso e 10 a totalmente ansioso/nervoso.*

Assim, como na sessão anterior, começaremos a tomar consciência de nossa respiração. Prestem atenção em todas as vezes que o ar entra e sai de seu corpo. De maneira intencional, começaremos a fazer uma respiração mais lenta e consciente, dando um tempo entre cada inspiração e expiração. Pouco a pouco, começamos a ter consciência do espaço que ocupamos, da maneira como nosso corpo faz pressão na cadeira e no chão, da pressão de nossos braços sobre nossas pernas, da sensação da roupa sobre a pele. Depois disso, vamos prestar atenção em cada uma das partes do nosso corpo com a única intenção de tomar consciência de como elas estão. Começamos com a cabeça e vamos baixando devagar, ficando conscientes de nossas orelhas, testa, nariz, boca, ..., passando por cada parte do corpo. Lembro a vocês que, enquanto fazemos esse exercício, outros pensamentos, julgamentos e percepções podem vir à nossa mente, tanto sobre o exercício quanto sobre a vida, até mesmo sobre nossa atitude frente a esses pensamentos. Cada vez que percebemos isso, devemos voltar nosso pensamento para o exercício, sem fazer julgamentos sobre o pensamento anterior. Ao longo do exercício, vamos percorrer todo o corpo, tendo como objetivo sermos conscientes de que estamos presentes, de fazer presente cada parte do nosso corpo. Não se trata de mudar nada e nem deixar de sentir nada. Apenas estamos nos tornando conscientes de cada parte do nosso corpo. [Esse exercício deve durar 10 minutos.]

Bem, agora que terminamos, gostaria de pedir que me digam novamente como se sentem, utilizando a mesma escala que utilizamos previamente. Como vocês se sentem neste momento?

REVISÃO DA TAREFA DA SEMANA ANTERIOR (10 MINUTOS)

Antes de começar a sessão de hoje, gostaria de saber como foi a tarefa para casa. Como vocês se lembram, pedi que lessem uma lista de preocupações e assinalassem se, na sua opinião, elas eram preocupações excessivas ou não e por quê. Se estiver tudo certo, começarei lendo a primeira preocupação e cada um de vocês irá me dizendo se seria uma preocupação excessiva ou não, e as razões para cada resposta. Tudo bem? Vamos ler o primeiro exemplo juntos [Ler o primeiro exemplo em voz alta]. *Quem pensa que essa é uma preocupação excessiva?* [Anotar na lousa como na Figura 1.] *E quem pensa que essa não é uma preocupação excessiva?* [Anotar na lousa como na Figura

1.] *Bom, agora começaremos pelas pessoas que pensam que essa é uma preocupação excessiva para ela. Vocês poderiam explicar um por um o porquê? O que fez com que pensassem assim?"* [Anotar as respostas abaixo do espaço *Preocupação excessiva*, ver Figura 1.]

Figura 1 – Exemplo de como anotar as respostas dos participantes no quadro

Preocupação excessiva (5 pessoas)	Preocupação não-excessiva (4 pessoas)
Razão 1	Razão 1
Razão 2	Razão 2
Razão 3	Razão 3
...	...

[Durante a revisão, é importante que o terapeuta faça os participantes verem que não devem se concentrar apenas na mensagem ou no conteúdo da preocupação, mas também nas imagens que as acompanham, já que há ocasiões nas quais a mensagem parece exagerada, mas se prestarmos atenção à toda cena, a preocupação pode estar bastante acertada. Além disso, deve assinalar quais preocupações são excessivas ou não. Para isso, o terapeuta dirá:]

Bem, depois de escutar suas ideias, gostaria que refletíssemos agora sobre o porquê de algumas preocupações serem excessivas. Primeiro, temos que avaliar quais aspectos estão sob nosso controle e quais não estão. [Esperar a resposta e, depois, continuar.] *Um dos aspectos que podemos controlar são nossas ações. Agora, vocês conseguem pensar em algum aspecto que não podemos controlar?* [Esperar a resposta e, depois, continuar.] *Os pensamentos e ações das outras pessoas podem ser um exemplo. Algumas vezes, é normal que nos preocupemos com o que os outros pensam ou fazem; no entanto, é importante estarmos conscientes de que, por mais que nos preocupemos, e por não estar sob nosso controle, somente podemos influenciar a nossa própria conduta e não a dos demais. Outro critério a ser levado em consideração para saber se uma preocupação é excessiva ou não é pensarmos nas consequências das coisas que nos preocupam. Por exemplo, é possível que nos preocupemos se outras pessoas falam mal de nós, mas, às vezes, quando vemos os desdobramentos disso, descobrimos que essa preocupação existe apenas porque não queremos que não gostem de nós, e isso não traz consequências objetivas diante da preocupação. Finalmente, no que diz respeito às preocupações, é preciso fazer uma reflexão sobre o quanto elas são disruptivas em nossa vida, quanto tempo estamos dedicando a elas, se são úteis e o quanto afetam nosso estado de espírito.*

Como podemos ver, a preocupação implica pensar em algo que poderia (ou não) acontecer no futuro. Dessa forma, é normal que os serem humanos queiram que o futuro seja o melhor possível, mas temos que aceitar que não podemos ter certeza disso, e pensar nisso todo o tempo somente afeta nossa capacidade de estarmos atentos ao presente e aprender a regular as emoções do momento.

O QUE É ANSIEDADE? (30 MINUTOS)

Este exercício para a casa serve para poder começar a entender e diferenciar o medo da ansiedade. Quando falamos de ansiedade, é importante ter em mente que essa é uma emoção que todos já sentimos alguma vez, incluindo eu mesmo/a, que não sofri um TCE. Aposto que cada um de vocês pode se lembrar de ter sentido ansiedade mesmo antes de ter sofrido o TCE. Trata-se de uma sensação que geralmente aparece antes de enfrentarmos uma situação que consideramos ameaçadora ou desafiadora. Em geral, pode-se dizer que a ansiedade permite antecipar o que poderia acontecer nessas situações e pode ajudar a nos prepararmos para enfrentá-las. Vamos ver o exemplo neste slide [mostrar *slide* 3]. *Como podemos observar, a evolução da ansiedade é curvilínea. Diante de um evento considerado ameaçador ou desafiador, nossa ansiedade começa a aumentar com o passar do tempo até chegar a um ponto máximo, depois do qual começa a decair. A ansiedade nos ajuda a começar a enfrentar uma situação. Como podemos ver nesse slide* [colocar *slide* 4], *se conseguirmos um nível intermediário de ansiedade, ou seja, nem muito baixo, que não nos motive a fazer nada, nem muito alto, para que nos sobrecarregue* [apontar para o ponto de nível ótimo], *nosso rendimento pode ser ótimo. Portanto, a ansiedade em si mesma não tem por que ser uma emoção negativa.*

Em pessoas com TCE, a ansiedade é muito comum. De fato, sabe-se que o risco de apresentar sintomas de ansiedade é 2,3 vezes maior que na população geral (Stéfan & Mathé, 2016). Durante o primeiro ano depois de um TCE, calcula-se que 21% dos pacientes apresentem transtornos de ansiedade, isto é, são pessoas cuja ansiedade influi de maneira negativa em suas vidas. Além disso, sabe-se que os casos podem aumentar com o passar do tempo até chegar aos 36% (Scholten, Haagsma, Cnossen, Olff, Van Beeck & Polinder, 2016). Pelo que sabemos até hoje, mulheres, pessoas que não têm trabalho e aquelas que, antes do acidente, haviam apresentado transtorno de ansiedade são as que têm mais risco de apresentar ansiedade após um TCE. E também parece que a ansiedade interfere na capacidade funcional, isto é, na capacidade para realizar as atividades cotidianas da vida, da vida diária, sem necessidade de supervisão. Por isso, é muito importante poder reduzir os sintomas da ansiedade o quanto antes.

Por quê a ansiedade é mais comum em pessoas com TCE? Bom, depois de um TCE, costumam acontecer situação que se tornam difíceis de lidar por causa do dano cerebral e que, em muitas ocasiões, podem parecer um verdadeiro desafio, não só para vocês como pacientes, mas, às vezes, também para os familiares. Isso quer dizer que todas as pessoas com TCE vão sofrer com ansiedade? Como vimos nos dados, não necessariamente. Por quê? Como comentamos anteriormente, a ansiedade ajuda a nos prepararmos para enfrentar uma situação, mas quando a ansiedade é muito forte [apontar no *slide* 4 "muita ansiedade"], *é possível que nos sintamos bloqueados ou sobrecarregados pela emoção. Então, não vamos ser capazes de enfrentar a situação de maneira adequada. Diante disso, o mais normal é tentar suprimi-la a todo custo, por exemplo, evitando as situações que consideramos ameaçadoras ou desafiadoras, ou escapando dessas situações* [mostrar o *slide* 5]. *Aqui, é importante compreender que, ao fazermos isso, nos sentimos melhores, porque a ansiedade diminui ou desaparece, como podemos ver no slide; contudo, ao evitar enfrentar essas situações, podem aparecer pensamentos como "não sou capaz" ou "não posso suportar isso" que, a longo prazo, podem nos fazer sentir pior, já que nosso conceito sobre nós mesmos é afetado e, além disso, não conseguimos enfrentar as situações temidas. Diante disso, se volto a ter que enfrentar a situação que antes gerava um pouco de ansiedade, agora que penso que sou "menos capaz", minha ansiedade aumentará diante desse evento* [mostrar o *slide* 6].

A sessão de hoje está voltada para que aprendam a regular sua ansiedade, de forma que possam enfrentar as ações que deixaram de cumprir ou realizar algumas coisas que não tinha se atrevido a fazer ainda. Para começar, é importante que compreendamos mais sobre o que é a ansiedade. A ansiedade é uma emoção bastante parecida com o medo; poderíamos dizer que tem uma manifestação similar em nosso corpo, como veremos mais adiante. Mas a diferença mais importante é que, enquanto o medo aparece no mesmo momento em que se apresenta determinada situação, a ansiedade, como já dissemos, aparece antes da situação. Por exemplo, vamos ver este slide [mostrar *slide* 7]. *Como podem constatar, na primeira imagem vemos como a pessoa reage ao pensar no que vai encontrar no zoológico, como as cobras que ele não aprecia de jeito nenhum. No entanto, ele não está no zoológico, ele está se adiantando aos acontecimentos, mas seu corpo já começa a reagir com os sintomas típicos da ansiedade. Na segunda imagem, a pessoa encontra uma serpente em seu caminho. A reação fisiológica é muito parecida com a primeira, mas a pessoa, nesse caso, não está sentindo ansiedade, mas medo. Como podemos ver, quando a ansiedade aparece, nada de objetivo aconteceu, não estamos diante da serpente, mas nós nos adiantamos ao que vai acontecer, nós nos preparamos. Em contrapartida, o medo aparece no mesmo instante do acontecimento. Poderiam dar outro exemplo de situações nas quais tenham sentido ansiedade e medo?* [Esperar que as pessoas apresentem exemplos de sua vida e reforcem sua conduta.]

Bom, agora a pergunta é: como nos damos conta de que estamos sentindo essas emoções? Como todas as emoções, elas estão evidentes nas mudanças que experimentamos no nosso corpo, em como nos comportamos, mas também em como pensamos. Vocês poderiam me dizer como sua ansiedade se manifesta em uma situação específica depois do TCE? Ou seja, como vocês sabem, nessa situação concreta, que o que estão recordando que sentiam era ansiedade? [Deixar os participantes explicarem seus sintomas. O terapeuta deverá anotá-los, agrupando-os em sintomas físicos, comportamentais, emocionais e pensamentos.]

Muito bem, vejamos nos slides a seguir as principais manifestações da ansiedade. Assim poderemos contrastar essas manifestações com suas vivências. Dividimos essas manifestações em fisiológicas, ou seja, o que acontece em nosso corpo; pensamentos e cognitivas, ou seja, o que pensamos. [Começar com o *slide* 8 (manifestações fisiológicas), continuar com o *slide* 9 (manifestações comportamentais) e terminar com o *slide* 10 (pensamentos e emoções). É importante que os participantes vejam como alguns de seus sintomas estão apresentados na lista, enquanto outros não estão. Com isso, deve-se enfatizar que a ansiedade se manifesta de diferentes maneiras em cada pessoa e é importante reconhecer quando ela está sendo sentida. Para isso, ao final, comentar:] *Como vimos, alguns dos sintomas que vocês mencionaram estão nos slides. Enquanto isso, haverá outros sintomas que vocês jamais experimentarão, mas alguns de seus companheiros sim, ou talvez tenham tido sintomas que não estejam nos slides. Isso quer dizer que cada um manifesta a ansiedade de uma maneira única e, portanto, é muito importante reconhecer quando cada um de nós está sentindo a ansiedade. Antes de continuar, quem pode explicar, com suas próprias palavras, o que foi explicado até agora sobre a ansiedade?* [Dar tempo para que os voluntários façam um breve resumo do que foi explicado. Esso servirá para que o terapeuta verifique se os participantes entenderam e assimilaram a informação dada até o momento.]

Muito bem, obrigado pela participação [dizer os nomes das/dos participantes]. *Vale a pena notar que o medo, assim como a ansiedade, são considerados emoções normais, quer dizer, eles nos ajudam a sobreviver. Como vocês acham que essas emoções ajudam na nossa vida diária?* [Dar um tempo para escutar as ideias dos participantes.] *Vamos começar dizendo que, entre as manifestações descritas, falávamos de como o corpo se ativa para responder à uma ameaça percebida. Isso quer dizer que estamos mais alertas a qualquer detalhe relacionado com a situação, o que permite que percebamos coisas que não havíamos visto. Nesses momentos agimos de forma rápida, já que o que está em jogo na nossa mente é a sobrevivência. Por exemplo, quando estamos ansiosos por causa de nosso desempenho em uma determinada situação como, em uma festa, é muito mais provável que sintamos nosso corpo tremer e estejamos mais conscientes das pessoas que nos olham e dos pequenos gestos que fazem para nós. Muitas dessas informações passariam despercebidas se não estivéssemos ansiosos. Neste programa, vamos compreender melhor como essa emoção funciona e aprender algumas estratégias para controlar a ansiedade, porque já sabemos que ela é parte dos seres humanos e que devemos aprender a conviver com ela, sem deixar que afete nosso funcionamento diário. Acredito que agora é um bom momento para parar e fazer um descanso de 10 minutos.*

DESCANSO (10 MINUTOS)

Faça um pequeno descanso de 10 minutos.

EXPLICAÇÃO DO MODELO COGNITIVO (20 MINUTOS)

Depois desse pequeno descanso, vamos continuar com os questionários. Para compreender melhor o que acontece em nossa cabeça quando sentimos ansiedade, é importante começar compreendendo o que acontece quando sentimos alguma experiência que desperte uma emoção. Para entender isso melhor, vamos imaginar a seguinte situação: estamos em um parque de diversões e vamos subir em uma montanha-russa. Alguém aqui gosta de montanhas-russas? Por quê? [Pedir a opinião dos participantes.] *Há alguém que não goste de montanhas-russas? Por quê?* [Pedir a opinião dos participantes. No caso de todos gostarem, o terapeuta deve perguntar por que acham que alguém poderia não gostar de andar de montanha-russa ou perguntar se eles conhecem alguém que não goste e se sabem o porquê. Depois de deixar claras as duas explicações ou sensações, começar a explicação, utilizando duas pessoas fictícias: sujeito 1, que adora montanhas-russas, e sujeito 2, que tem medo de montanhas russas.]

Como eu estava comentando, imaginem que todos vamos ao parque de diversões e decidimos ir à montanha-russa. Possivelmente, o sujeito 1, que adora montanhas-russas. Como ele se sentiria? Estaria contente, O que ele poderia estar pensando enquanto nos aproximamos da montanha-russa? [Esperar as opiniões dos participantes e anotá-las na lousa. Uma vez terminado, realizar as mesmas perguntas, mas com o sujeito 2, que tem medo de montanhas-russas e anotar as respostas na lousa.]

Muito bem, vejamos esse caso, porque esse é um exemplo do que acontece em várias situações da vida cotidiana: diante de uma mesma situação (ir à montanha-russa) duas pessoas podem apresentar respostas que são opostas e talvez alguns de vocês possam apresentar outra emoção diferente. Na sua opinião, o que causa essas emoções? É a situação que está acontecendo, ou seja, o fato de se aproximar da montanha-russa, ou o pensamento que a pessoa tem sobre a situação?

[Esperar a resposta dos participantes e continuar em seguida.] *Assim como vimos no exemplo, às vezes, para poder compreender a emoção das pessoas diante de uma mesma situação, é importante compreender o que pensam sobre o que aconteceu e o que estão dizendo a si mesmas nesse momento. Parece lógico? O que vocês pensam sobre isso?* [Esperar a resposta dos participantes.]

Esses pensamentos que cada um dos sujeitos tem sobre a montanha-russa podem estar relacionados com experiências prévias, com suas condições biológicas ou com alguma coisa que alguém disse para eles. O importante é que, se quisermos que o sujeito 2 se sinta melhor diante da situação, o que acham que poderíamos fazer? Lembrem-se de que ainda não subiram na montanha-russa, apenas entraram na fila para isso! [Escutar as opiniões, mostrando que podem existir diversas formas de modificar ou de afastar o pensamento: falar ou se concentrar em outra coisa, ver o que a montanha-russa tem de bom, que um fale ao outro que é seguro etc.]

Muito bem, a ideia é que, assim como vimos nesse exemplo, parte do que sabemos que acontece quando há sintomas de ansiedade é que as pessoas têm pensamentos que podem nos levar a apresentar essas emoções. O que vamos buscar com algumas atividades é avaliar se esses pensamentos são reais, também veremos que, às vezes, podemos nos distrair ou nos concentrar em outra coisa ou simplesmente deixá-las para trás. Vocês têm alguma pergunta? [Resolver as dúvidas e continuar.]

ATRIBUIÇÃO DA TAREFA PARA CASA REGISTRO DE PENSAMENTO (10 MINUTOS)

Para praticar o que aprendemos hoje, começaremos completando nessa semana um registro de pensamentos [distribuir a tarefa para casa Registro de pensamentos]. *Ele é utilizado para identificar os pensamentos que temos durante o dia a dia diante de certas situações e permitirá que saibamos o que está afetando a maneira como sentimos. Vamos começar aprendendo a completá-lo.* [Projetar o Registro de pensamentos; mostrar o *slide* 11 e distribuir para todos o Registro de pensamentos impresso para que possam compreender melhor a explicação].

Vocês utilizarão o registro quando sentirem alguma emoção negativa, ou seja, quando se sentirem tristes, ansiosos, com raiva ou medo. Vocês podem pensar em outra emoção? Neste caso, essas emoções serão escritas na casinha 3, que diz "Emoção". Posteriormente, deverão descrever em que situação estavam quando sentiram essa emoção. Por exemplo, na casa com a família, caminhando pela rua etc. É importante saber distinguir o que foi diferente nesse dia; ou seja, pode ser que estejamos muitas vezes em casa com a família, mas, nesse dia, havia alguém diferente? Faltava alguém? Estavam falando de alguém ou de algo? Vão escrever essa situação na casinha 1, que diz "Situação" [indicar a casinha 1]. *Finalmente, vem a pergunta sobre os pensamentos. Para isso, vamos nos perguntar o que passou pela nossa cabeça nesse momento, antes de sentir a emoção. Quer dizer, é como quando imaginávamos que íamos à montanha-russa. Vamos escrever essa situação na casinha 2 que diz "Situação"* [indicar a casinha 2].

Para assegurarmos que todos tenhamos entendido o exercício, por que não fazemos aqui um pequeno ensaio? Para isso, seria bom que cada um pensasse na última vez que se sentiu ansioso. Onde estava? O que pensava? [Pedir para que compartilhem alguns exemplos para esclarecer de que maneira se registram os pensamentos.] *Lembrem-se de guardar a folha da tarefa na pasta e, se for necessário, escrevam uma nota na sua agenda ou no celular para se lembrarem de completá-la. Com isso, terminamos a sessão. Nos vemos na próxima.*

SESSÃO 4
A EQUAÇÃO DA ANSIEDADE

4

OBJETIVOS DA SESSÃO

1) Revisar a tarefa de casa da semana anterior;
2) Recordar o modelo do funcionamento cognitivo da ansiedade;
3) Explicar os elementos fundamentais da ansiedade (equação da ansiedade);
4) Aperfeiçoar a técnica *Mindfulness* de relaxamento;
5) Atribuir a tarefa para casa.

DURAÇÃO

- 90 minutos

MATERIAIS

- Lousa;
- Pasta;
- Caneta;
- Folha para anotações. Os participantes com dificuldades de motricidade fina podem utilizar um *Ipad/Tablet* para anotar;

- Folha(s) de tarefas;
- "Ficha de discussão de pensamentos";
- "Ficha da equação da ansiedade".

BOAS-VINDAS (10 MINUTOS)

Bom dia/boa tarde a todos/as, sejam bem-vindos. Antes de começar a sessão, lembro vocês que as regras que estabelecemos anteriormente estão a sua disposição aqui [apontar para o lugar em que o terapeuta deixou afixadas as regras].

Assim como na sessão anterior, vamos começar com um exercício de Mindfulness, para tomarmos consciência do momento e do lugar. Para isso, peço que vocês se acomodem e fiquem na postura que vimos na semana passada [mostrar o *slide* 2 e sentar-se na postura para que os participantes imitem o terapeuta:] *sentados em uma cadeira com os pés tocando o chão e as mãos sobre as coxas, ou no chão com as pernas cruzadas e as mãos nos joelhos. As costas devem estar eretas, como se houvesse um cabo entre a cabeça e o céu* [O terapeuta deve lembrar que a posição pode ser adaptada às características dos participantes.] *Como fizemos na outra vez, antes de começar, gostaria de pedir que digam, em uma escala de 0 a 10, o quanto se sentem ansiosos ou nervosos neste momento. Pensem que 0 equivale a nada ansioso/nervoso e 10 a totalmente ansioso/nervoso.*

Bem, vamos começar respirando de forma consciente, como fizemos nas sessões anteriores. Vamos respirar em um ritmo lento enquanto fechamos os olhos e nos concentramos no exercício. À medida em que vamos respirando cada vez mais lentamente, vamos nos concentrando no lugar em que nos encontramos. Percebam a temperatura do lugar, os sons do ambiente, se há algum cheiro no ar e quanta luz vemos através de nossas pálpebras. Permitam-se sentir cada um dos sentidos, sem se esforçarem em encontrá-los, simplesmente deixem que as sensações cheguem aos seus sentidos.

[É necessário estabelecer um tempo para que os participantes consigam fazer o exercício. Durante o exercício, que durará 10 minutos, o terapeuta recordará o seguinte:]

Lembrem-se de que, enquanto fazemos esse exercício, outros pensamentos, julgamentos e percepções podem vir a nossa mente, tanto sobre o exercício quanto sobre nossa vida, até mesmo sobre nossa atitude frente a eles. Cada vez que descobrimos que a mente está pensando em algo diferente, o que fazemos é voltar nosso pensamento para o exercício, sem fazer julgamentos sobre o pensamento anterior.

[Depois de finalizar a sessão, dizer:] *Bem, agora que terminamos, gostaria de pedir que me digam novamente como se sentem, utilizando a mesma escala que utilizamos previamente. Como se sentem neste momento?*

REVISÃO DA TAREFA DA SEMANA ANTERIOR (30 MINUTOS)

Ante de começar a sessão de hoje, gostaria de saber como foi fazer a tarefa para casa. Como vocês se lembram, pedi que completassem a folha de Registro de pensamentos. Alguém gostaria de compartilhar o que escreveu? [Esperar por um voluntário, caso ninguém se apresente, indicar alguém para, por favor, participar.] *Muito obrigada pela colaboração. Por favor, fale como foi a situação, qual foi a emoção que sentiu e o pensamento que teve naquele instante.*

[Discutir um ou vários casos até encontrar um que o registro tenha conseguido refletir um pensamento relacionado à ansiedade, que permita começar a sessão de hoje. Diante de todos os registros compartilhados, validar a emoção sentida frente às situações e fazer a retroalimentação para conseguir um bom registro de pensamento na próxima vez.

Uma das dificuldades que os participantes podem apresentar é confundir os pensamentos com as emoções. Nesse caso, o terapeuta deverá esclarecer aos participantes (usando o registro que estiver sendo compartilhado e no qual tenha sido detectado esse erro), que existem diferenças entre SENTIR e PENSAR. Para isto, o terapeuta pode comentar: "entendo que você tenha se sentido assustado (e aponta para a casinha 3), agora, vamos refletir. O que você pensou naquele momento? Por que pode ter essa emoção? Depois de esclarecer esse ponto para o participante, explicar a todo grupo que as emoções são sensações corporais que funcionam como alertas ou indicativos para o corpo.

Mesmo assim, é possível que alguns dos participantes não sejam capazes de identificar seus pensamentos. Nesse caso, o terapeuta pode pegar uma das situações do registro do participante (ou perguntar por alguma situação durante a semana que tenha desencadeado uma emoção) e utilizar algumas das seguintes técnicas:

Pedir ao participante que relembre a situação e relembre o que poderia estar pensando naquele momento;

O terapeuta dá um exemplo de um pensamento possível que seja oposto ao que o participante poderia ter pensado (por exemplo, diante de uma situação ameaçadora, dizer que seria possível pensar: "Ainda bem que estou aqui, tudo vai sair bem!" e perguntar se ele acredita que poderia ter pensado assim naquele momento. Espera-se que o participante possa discernir que esse não é um pensamento coerente e acrescente outro que esteja relacionado.

Quando se encontrar o registro de pensamento adequado, avaliar se o pensamento é realista ou se, naquela situação, outra pessoa teria pensado algo diferente. Para isso, utilizam-se três perguntas que podem ser encontradas na "Ficha de discussão de pensamentos" e que serão apresentadas ao *slide* 3.

Haveria alguma explicação diferente?

Há evidências contra o pensamento nessa situação?

É útil ter esse pensamento nessa situação?]

Bom, para avaliar se o pensamento que [mencionar o nome da pessoa que, durante a revisão dos registros de pensamento, deu o exemplo de situação que gerou ansiedade] *teve era realista ou não, existem três perguntas simples que podemos fazer e que estão aqui no slide* [antes de seguir com a explicação, deve-se distribuir a "Ficha de discussão de pensamentos"]. *Como podem ver no slide e na folha que acabo que entregar a vocês, elas são: haveria alguma explicação diferente? Existem evidências contra esse pensamento nessa situação? É útil ter esse pensamento nessa situação? Vamos responder a primeira pergunta nos atendo ao exemplo de* [repetir o nome do participante]. *Por favor, você poderia nos lembrar qual foi o pensamento que teve?* [Esperar a resposta e prosseguir.] *Bom, vocês acham que existe alguma outra explicação possível para o que aconteceu nessa situação?* [Esperar as respostas dos participantes e incentivá-los a anotar suas respostas na folha.] *Como podem perceber, existem diferentes maneiras de ver ou interpretar a situação que* [repetir o nome do participante] *experimentou. Vocês acham que isso poderia ter mudado a emoção que ele sentiu no momento?*

[Diante dessa pergunta, podem acontecer duas situações:

Situação A: Se os pensamentos alternativos gerariam realmente uma emoção totalmente diferente, validar essa resposta e prosseguir:] *Como podem ver, o pensamento que temos terá muita influência em como nos sentimos diante de uma situação. Isso explicaria por que na sessão passada uma pessoa, à medida que se aproximava de uma montanha-russa, sentia-se emocionada, enquanto outra se sentia nervosa. Mas, o que acontece se continuamos a pensar da mesma maneira ou se não encontramos uma outra possível explicação? Nesse caso, podemos nos fazer a segunda pergunta.*

[Situação B: No caso de não encontrarem outra explicação ou pensamento alternativo que mudasse a emoção, seguir dizendo:] *Assim como aconteceu, às vezes não encontramos outra maneira de ver ou explicar as coisas. Nesse caso, podemos nos fazer a segunda pergunta.*

[Agora, independentemente de qual tenha sido a resposta dos participantes, continuar.] A *segunda pergunta é: existem evidências contrárias ao pensamento nessa situação? Pensemos no que aconteceu com* [repetir o nome do participante]. *Algo que escutaram quando a situação foi descrita que possa ser contrário a esse pensamento?* [Se ninguém se manifestar, o terapeuta pode, caso o exemplo ajude, oferecer alguma informação que o próprio participante tenha mencionado ao descrever a situação e que possa ir contra seu pensamento. Se não, pedir a colaboração do participante]. [Chamar o participante do exemplo] *Vendo agora a situação, você acredita que haja alguma evidência que não apoie seu pensamento?*

[Esperar as respostas dos participantes e incentivar que anotem suas respostas na folha Como na pergunta anterior, podem acontecer duas situações:

<u>Situação A</u>: Encontrar evidências contrárias ao pensamento que o participante apresentou, validá-las e continuar: *É isso. Se* [dizer o nome do participante do exemplo] *tivesse levado em consideração esse dado, certamente teria pensado de outra maneira e, portanto, certamente teria sentido outra emoção, vocês não acham? Mas, o que acontece se continuamos a pensar da mesma maneira e não encontramos nenhuma evidência contrária ao que pensamos? Nesse caso, podemos nos fazer a última pergunta.*

<u>Situação B</u>: No caso de não encontrar evidências contrárias ao pensamento, continuar dizendo: *Assim como aconteceu agora, algumas vezes não encontramos nenhuma evidência contrária ao nosso pensamento, o que pode nos fazer achar que nosso pensamento está correto. Nesse caso, podemos nos fazer a última pergunta.*

[Agora, independentemente de qual tenha sido a resposta dos participantes, continuar:] *A última pergunta diz: é útil ter esse pensamento nessa situação? No exemplo de* [dizer o nome do participante que deu o exemplo], *o que vocês acham? Ajudou* [dizer o nome do participante que deu o exemplo] *nessa situação?*

[Esperar as respostas dos participantes e incentivar que anotem suas respostas na folha. Como na pergunta anterior, podem acontecer duas situações:

Situação A. O pensamento foi útil para o participante: *"parece que, nesse caso, o pensamento foi útil, já que* [dizer por que foi útil (por exemplo, o nervoso por causa da prova, associado ao pensamento de que é importante estudar para ganhar ou que existe a possibilidade de perder e se deve estudar, levaram-no a estudar)]. *Como já foi visto, às vezes, sentir ansiedade não tem que ser algo negativo, já que nos prepara para enfrentar a situação, como aparece nesse caso".*

[Situação B. O pensamento não foi nada útil.] *Como vocês viram, às vezes, apesar do pensamento ter sido acertado, pensar assim não adianta muito, não é nada mais que uma ajuda para ficarmos mais ansiosos diante da situação.*

[Agora, independentemente de qual tenha sido a resposta dos participantes, continuar:] *Bem, este exercício servirá para começar o que vamos trabalhar nas próximas sessões. Vamos aprender sobre quatro elementos que nosso cérebro utiliza para avaliar quando estamos diante de uma situação que gera ansiedade. Mas antes, gostaria que cada um de vocês preenchesse a "Ficha de discussão de pensamentos", utilizando algum pensamento do registro que realizaram como tarefa para casa.* [Dar tempo suficiente para que cada participante preencha sua folha. Isso servirá para consolidar a aprendizagem.]

EXPLICAR OS ELEMENTOS FUNDAMENTAIS DA ANSIEDADE: A EQUAÇÃO DA ANSIEDADE (40 MINUTOS)

[Para começar esta parte, entregar a "Ficha da equação da ansiedade" e mostrar o *slide* 4.]

Quando estamos diante de uma situação ameaçadora, o cérebro procura analisar o quanto essa situação é perigosa e nociva para nós. Isto significa que ele avalia vários aspectos: primeiro, o quanto a situação é ameaçadora. Por exemplo, ter um leão a sua frente é diferente de ter um gato. O segundo fator que o cérebro avalia é quanto dano essa situação poderia causar. Por exemplo, é diferente ter um leão olhando diretamente para nós de dentro de uma jaula de um leão em um lugar sem nada entre nós que possa detê-lo. No entanto, nem todos os fatores têm a ver com a situação. O terceiro fator que o cérebro avalia é a quantidade de habilidades ou estratégias que temos para enfrentar a situação. Por exemplo, é possível que sintamos menos ansiedade na situação com o leão se formos domadores de leões. Finalmente, o último fator que nosso cérebro avalia são os aspectos ambientais de ajuda, isto é, com que apoio ou ajuda podemos contar. Aqui é o momento que nossa mente reassume se tivermos ao nosso lado alguém que saiba como resolver a situação.

Avaliar esses quatro fatores poderia ser visto como uma longa e complexa tarefa; entretanto, nosso cérebro a realiza em milissegundos, o que faz com que não tenhamos consciência de tudo o que acontece em nossa mente. Agora, vamos ver o que acontece depois de uma avaliação em que percebemos que a situação é ameaçadora e que não temos os recursos para enfrentá-la. Para isso, vamos ver um exemplo de uma situação real na vida de uma pessoa com TCE. [Mostrar *slide* 5]

Luís é uma pessoa com alto nível educacional que, antes do acidente, trabalhava como executivo de uma empresa respeitada em sua cidade. Desde que sofreu o acidente, Luís apresenta problemas de linguagem que afetam principalmente a sua entonação, mas que não o impedem de comunicar-se de forma adequada. Acabam de chamar Luís para apresentar uma conferência a outros executivos da empresa, o que faz com que comece a experimentar altos níveis de ansiedade.

Bem, vamos responder cada pergunta que aparece no slide. Em primeiro lugar, o que vocês acham que Luís pode estar sentindo nessa situação? [Esperar as respostas dos participantes.] *Como foi comentado por* [dizer o nome apenas se esse for o caso], *o mais provável é que Luís esteja sentindo ansiedade, ou pelo menos algum nervoso ou estresse. Bem, vamos para a segunda pergunta: nessa situação, quais pensamentos podem estar passando pela cabeça de Luís? Para mim, ele pode estar pensando: com certeza alguém na reunião vai rir do meu jeito de falar", algum outro pensamento?* [Esperar as respostas dos participantes]. *Muito bem, essas ideias podem, perfeitamente, estar passando pela mente dele* [caso as respostas não se adaptem à situação, deve-se apontar: *"se você estivesse nessa situação, o que estaria pensando?"*, e, se for preciso, oferecer pistas ou exemplos]. *Agora, vamos para a última pergunta, tendo em vista a situação e o que estão pensando, como vocês acham que Luís irá se comportar? Aqui, assim como com os pensamentos, podem existir múltiplas opções. Acredito que ele poderia chamar e cancelar a reunião, o que lhes vem à cabeça?* [Esperar as respostas. Se elas concordarem com a situação e com os pensamentos que foram mencionados anteriormente, validar a resposta. Se não, oferecer pistas para que possam pensar em condutas possíveis diante do cenário apresentado.]

Vejamos agora a mesma situação, mas, neste caso, Luís terá habilidade ou estratégias para enfrentar a situação, ou recursos externos com os quais pode contar.

Luís é uma pessoa com alto nível educacional que, antes do acidente, trabalhava como executivo de uma empresa respeitada em sua cidade. Desde que sofreu o acidente, Luís apresenta problemas de linguagem que afetam principalmente a sua entonação, mas que não o impedem de comunicar-se de forma adequada. Acabam de chamar Luís para apresentar uma conferência a outros executivos da empresa, o que faz com que comece a experimentar altos níveis de ansiedade. Diante dessa situação, Luís decide procurar um terapeuta de linguagem para poder melhorar sua entonação e praticar com ele a conferência que tem que apresentar.

Alguém de vocês pode me dizer o que acha que Luís estaria sentindo nessa situação? [Esperar as respostas dos participantes]. *Como disseram, é possível que Luís continue a se sentir ansioso, mas certamente estaria se sentindo mais aliviado por saber que pode contar com a ajuda de um profissional, não é isso? Vamos para a segunda pergunta: nessa situação, quais pensamentos podem estar passando pela cabeça de Luís. Eu imagino que ele pode pensar: "o terapeuta certamente me ajudará com isso", o que vocês acham?* [Esperar as respostas dos participantes e validá-las. Caso as respostas não se adaptem à situação, deve-se indicar: *"se você estivesse nessa situação, o que estaria pensando?"*, e, se for preciso, oferecer pistas ou exemplos.] *Agora, nos resta apenas a última pergunta: como vocês acham que Luís se comportará diante dessa situação? Acredito que prestará atenção ao que o terapeuta disser e ensaiará o discurso com ele. O que vocês acham?* [Esperar as respostas. Se elas concordarem com a situação e com os pensamentos que foram mencionados anteriormente, validar as respostas. Se não, oferecer pistas para que possam pensar em condutas possíveis diante do cenário apresentado.]

Como podem ver, o panorama muda totalmente dependendo não apenas daquilo que estamos pensando, mas também dependendo dos recursos, ajudas, habilidades e estratégias que temos à disposição. Agora, nesse exercício, usamos nosso tempo para pensar em cada opção, mas devem recordar que essa avaliação feita pela nossa mente é muito mais rápida, poderíamos dizer, automática. Isso às vezes nos leva a exagerar os estímulos ameaçadores de uma situação. Por exemplo, em uma situação social, podemos interpretar o bocejo de alguém quando estava falando conosco como uma rejeição, em vez de pensar que a pessoa pode estar cansada por não ter dormido na noite anterior. Cabe notar que, em várias situações, não nos ocorre buscar formas diferentes de solucionar uma situação, ficamos bloqueados e isso faz com que essa situação seja percebida como algo mais ameaçador do que é. Por exemplo, o que teria acontecido se Luís não tivesse buscado a ajuda do terapeuta de linguagem para praticar sua conferência com ele? Ou seja, às vezes é importante saber que, diante de certas situações, é preciso buscar estratégias para resolver os problemas ou buscar a ajuda de outros. Voltaremos a esse ponto na próxima sessão.

Finalmente, devemos levar em conta um aspecto importante: entre os sinais ambientais que o cérebro avalia como ameaçadores, pode ser que também valorizemos os próprios sintomas do nosso corpo. Sigamos com o exemplo [mostrar *slide* 7]*: Luís vai apresentar a conferência diante de seus amigos executivos. Para ele, trata-se de uma conferência importante, por isso se preparou muito para apresentá-la bem. Contudo, se sente inseguro porque não sabe o que seus colegas dirão. Quando começa a falar, seu coração bate forte e ele sente muito calor no rosto. Nesse momento, a mente de Luís tem uma nova situação ameaçadora: seus colegas poderiam notar sua ansiedade ao ver que seu rosto está vermelho. Isso poderia fazer com que Luís avaliasse a situação de forma negativa e pensasse que não seria capaz de realizar a conferência. Nesse caso, o problema não está na situação em si, mas na interpretação que Luís fez de seus próprios sintomas.*

Por isso, quando queremos diminuir ou tornar nossa ansiedade tolerável, devemos nos concentrar em fortalecer nossas capacidades ou estratégias para enfrentar situações ameaçadoras, encontrando pistas que nos permitam estar cientes de toda a informação do ambiente, para fazermos uma melhor avaliação. Além disso, também devemos nos concentrar em buscar ferramentas para controlar a situação que nos causa ansiedade e os sintomas causados por ela, como no caso de Luís com a conferência, a vermelhidão de seu rosto e a taquicardia. Alguma pergunta até aqui?

[Esperar as perguntas e resolver as dúvidas É importante que os participantes tenham entendido este tópico para prosseguir com os pontos seguintes.]

ATRIBUIÇÃO DA TAREFA PARA CASA (10 MINUTOS)

Para concluir a sessão, pedir que os participantes pratiquem o que foi aprendido a respeito da importância dos pensamentos em seus sintomas emocionais e comecem a praticar a avaliação desses pensamentos.

A fim de praticar o que aprendemos hoje, vou pedir que prestem atenção nesta equação de ansiedade. Como aprendemos hoje, há vezes em que nos concentramos no quanto uma situação pode ser difícil e complexa e isso nos deixa ansiosos; em outras situações, nos concentramos em não sermos tão capazes como gostaríamos para controlá-las e isso também aumenta nosso mal-estar. Contudo, hoje aprendemos a importância de discutir e avaliar nosso pensamento com as perguntas que aprendemos. Para fortalecer essa aprendizagem, esta semana buscaremos praticar as perguntas da "Ficha de discussão de pensamentos" em situações que disparem nossa ansiedade. Para isso, devemos lembrar o que aprendemos na sessão anterior a respeito de identificar o que pensamos e o que faremos e, a partir desse pensamento, completar a "Ficha de discussão de pensamentos". Faremos isso pelo menos uma vez. Lembrem-se de guardar a folha da tarefa na pasta e, se for necessário, escrevam uma nota na sua agenda ou no celular para se lembrarem de completá-la. Nos vemos na próxima sessão.

SESSÃO 5 A CATASTROFIZAÇÃO

5

OBJETIVOS DA SESSÃO

1) Revisar a tarefa de casa da semana anterior;
2) Revisar os conteúdos da sessão anterior;
3) Explicar o papel das crenças no modelo de ansiedade e nos transtornos de ansiedade;
4) Aperfeiçoar a técnica *Mindfulness* de relaxamento;
5) Atribuir a tarefa para casa.

DURAÇÃO

- 90 minutos

MATERIAIS

- Lousa;
- Pasta;
- Caneta;
- Folha para anotações. Os participantes com dificuldades de motricidade fina podem utilizar um *Ipad/Tablet* para anotar;

- Folha(s) de tarefas;
- Ficha de descatastrofização;
- Ficha de busca compreensiva da informação;
- Cartão de apoio.

BOAS-VINDAS (10 MINUTOS)

Bom dia/boa tarde a todos/as, sejam bem-vindos. Antes de começar a sessão, lembro vocês que as regras que estabelecemos anteriormente estão a sua disposição aqui [apontar para o lugar em que o terapeuta deixou afixadas as regras].

Assim como na sessão anterior, vamos começar com um exercício de Mindfulness para tomarmos consciência do momento e do lugar. Para isso, peço que vocês se acomodem e fiquem na postura que vimos na semana passada [mostrar o *slide* 2 e se sentar na postura para que os participantes imitem o terapeuta], *sentados em uma cadeira, com os pés tocando o chão e as mãos sobre as coxas, ou no chão, com as pernas cruzadas e as mãos nos joelhos. As costas devem estar eretas, como se houvesse um cabo entre a cabeça e o céu* [O terapeuta deve lembrar que a posição pode ser adaptada às características dos participantes]. *Como fizemos na outra vez, antes de começar, gostaria de pedir que digam, em uma escala de 0 a 10, quão ansiosos ou nervosos vocês se sentem neste momento. Pensem que 0 equivale a nada ansioso/nervoso e 10 a totalmente ansioso/nervoso.*

Como nas sessões anteriores, vamos começar respirando de maneira consciente. Respiraremos em um ritmo lento, nos concentrando no exercício. Hoje vamos fazer um exercício centrado nos nossos sentidos, para isso, vamos começá-lo com os olhos abertos. Primeiro, vamos identificar os objetos que estão nessa sala. Vamos nos concentrar no nosso campo visual, sem a necessidade de procurar nada com a cabeça. A ideia é identificar cinco objetos que possamos ver, identificando, nomeando cada um deles, sem julgamentos. Trata-se apenas de identificar e observar detalhadamente esses elementos. [Dar tempo suficiente para que as pessoas possam fazer o exercício e observar esses elementos.] *Muito bem. Agora, passaremos a outro estímulo, tendo novamente claro que o exercício procura identificar e detalhar cada objeto ou estímulo, mas sem julgamentos, ou seja, sem pensar se é grande, pequeno, feio, bonito, apenas estamos centrando nossa mente nesses estímulos. Vamos nos concentrar agora nos estímulos auditivos, sons que podemos escutar. Isolem sua mente de outras coisas e identifiquem pequenos estímulos que podem escutar. Se quiserem permanecer com os olhos abertos nessa parte do exercício, não tem problema, mas se isso os distrair do exercício, podem fechar os olhos.* [Dar um tempo para que as pessoas identifiquem os sons.] *Lembrem-se de que nossa mente pode se distrair ou começar a fazer julgamentos, nesse caso, apenas se lembrem de que se trata o exercício e concentrem sua mente para identificar estímulos auditivos. Agora vamos passar para outro sentido. Dessa vez é o tato. Para isso, vamos ter consciência dos elementos que estamos tocando, desde nossa roupa, a cadeira. Sejamos conscientes dos estímulos táteis que estamos tendo.* [Dar novamente um tempo para que as pessoas identifiquem os estímulos.] *Lembrem-se de que nossa mente pode se distrair ou começar a fazer julgamentos, nesse caso, apenas se lembrem de que se trata o exercício e concentrem sua mente para identificar estímulos táteis. Agora vamos passar ao olfato e, para isso, vamos identificar algum odor, ou odores, que possam ser percebidos nesse ambiente. Novamente, procure identificá-los e descrevê-los, mas não os julgar. Estamos ajudando nossa mente a identificar plenamente o momento presente. Finalmente, vamos nos concentrar no paladar, procurando identificar em nossa mente o sabor que está em sua boca, ou o último que sentimos. Essa última parte talvez seja mais complexa e é possível que não consigam identificar nenhum sabor. Se esse for o caso, focalizem sua mente nessa sensação de não sentir um sabor específico. Dirijam sua atenção a esses elementos, sem julgá-los. Trata-se simplesmente de direcionar a atenção.*

[Depois de finalizar essa parte, dizer:] *Bem, agora que terminamos, gostaria de pedir que me digam novamente como se sentem, utilizando a mesma escala que utilizamos previamente. Como se sentem neste momento?*

REVISÃO DA TAREFA DA SEMANA ANTERIOR (10 MINUTOS)

Antes de começar a sessão de hoje, gostaria de saber como foi fazer a tarefa para casa. Como vocês se lembram, pedi que completassem uma nova "Ficha de discussão de pensamentos", para que praticassem a avaliação que fizemos dos pensamentos na sessão anterior. Alguém gostaria de compartilhar o que pensou e o que avaliou? [Esperar por um voluntário, caso ninguém se apresente, indicar alguém para, por favor, participar.] *Muito obrigada pela colaboração. Por favor, fale como foi a situação, qual foi a emoção que sentiu e o pensamento que teve naquele instante e qual pergunta fez para avaliar o pensamento.* [Escutar atentamente as falas sobre a situação e, caso essa avaliação de pensamento não tenha sido feita de forma completa, perguntar aos demais participantes por explicações alternativas, ou evidências que poderiam aparecer na situação mencionada.] *Obrigada pela sua participação. Alguém tem outra ideia para dar ao colega de evidências contrárias ao que ele tenha pensado? Alguma explicação alternativa?* [Dar tempo para que os outros participantes deem suas opiniões, ou o próprio terapeuta deve intervir, ajudando na "chuva de ideias".] *Obrigada pela participação. Como podemos notar, a forma como pensamos sobre o que acontece conosco interfere nas nossas emoções, e a primeira forma que temos para diminuir nosso mal-estar é pensar objetivamente.*

RESUMO DA SESSÃO ANTERIOR (15 MINUTOS)

Como devem se lembrar, esta sessão é uma continuação da sessão passada. Antes de continuar, gostaria de lembrar o que trabalhamos na sessão anterior. Alguém poderia dizer o que aprendemos no noutro dia? Podem indicar as tarefas que fizemos, algum exemplo que se lembrem, qualquer coisa é válida.

[Determinar um tempo para que respondam. Caso ninguém se apresente, solicitar um voluntário. À medida em que os participantes nomeiem as ideias/temáticas, anotá-las na lousa para que sejam vistas. As ideias que devem ser lembradas vêm a seguir. Enquanto se lembram, colocar o *slide* 3].

Na sessão anterior, aprendemos que, quando estamos diante de determinada situação, nosso cérebro analisa o quanto ela é perigosa para nós. Como vocês mencionaram, o que irão observar o quanto essa situação é ameaçadora: vocês se lembram do exemplo de ter a sua frente um leão ou um gato? Mas, também irão observar quanto dano essa situação poderia causar: vocês se lembram que dissemos que não é a mesma coisa um leão em uma jaula e um leão que esteja na nossa frente, mas esteja livre?

Além disso, nosso cérebro avalia outro aspecto, lembram? [Esperar as possíveis respostas.] *Isso mesmo! Também observa se dispomos das habilidades, das estratégias, dos recursos ou da ajuda para enfrentar a situação. Não é a mesma coisa estar sozinho na frente de um leão ou estar com um domador de leões e ter ao nosso lado um carro no qual podemos subir e fugir, certo?*

Vocês se lembram do exemplo que usamos para compreender melhor os fatores que nosso cérebro leva em conta para decidir se uma situação é perigosa? [Esperar passíveis respostas.] *Utilizamos o caso do Luís, uma pessoa que, depois de um acidente, apresenta problemas de linguagem e, em seu trabalho, foi chamado para dar uma conferência a outros executivos da empresa. Vimos como essa situação poderia ser ameaçadora para Luís; analisamos quais pensamentos e sentimentos seriam possíveis, e como poderia se comportar. Depois, analisamos a mesma situação, mas, dessa vez, Luís decidiu procurar um terapeuta de linguagem para ensaiar sua conferência. Vimos que ter ajuda poderia mudar as coisas, pois ele dispõe agora de recursos e de força para que enfrente a situação, apesar de ainda poder sentir ansiedade. Portanto, vimos que é muito importante analisar quais são os recursos, as ajudas, as habilidades e as estratégias com as quais podemos contar, nós ou as pessoas que temos ao nosso redor.*

Mas vocês devem se lembrar, vimos que nosso cérebro faz essa análise de forma muito rápida, quase de maneira automática, por isso às vezes podemos exagerar e sentir muita ansiedade diante de uma determinada situação que não representa a verdadeira ameaça. Vocês poderiam mencionar alguma situação? [Esperar uma possível resposta.] *Às vezes o problema está em não sermos capazes de buscar uma solução para o problema e ficamos bloqueados. Por exemplo, o que teria acontecido se Luís não tivesse buscado a ajuda do terapeuta de linguagem? Por isso é importante buscar outras soluções possíveis para o problema ou pedir ajuda de outras pessoas.*

E, para finalizar, não podemos nos esquecer de que, às vezes, os sinais do nosso corpo diante de uma situação também podem fazer com que a avaliemos como ameaçadora, ou seja, sentir palpitar o coração, sensação de falta de ar, sudorese etc. Se vocês lembrarem, chagamos à conclusão de que, nesse caso, o problema não é tanto a situação, mas como nós interpretamos esses sintomas. Por isso que, em todas as sessões, começamos com exercícios de Mindfulness, que podem nos ajudar a reduzir esses sintomas.

Agora que recordamos o que aprendemos na sessão anterior, alguém tem alguma pergunta? [Esperar as perguntas e resolver as dúvidas É importante que os participantes tenham entendido este tópico para prosseguir com os pontos seguintes.]

CATASTROFIZAÇÃO COMO ELEMENTO CENTRAL NA ANSIEDADE (15 MINUTOS)

Depois dessa revisão, vamos começar a sessão de hoje. O primeiro ponto da equação da ansiedade, isto é, o quanto essa situação é ameaçadora? Faz referência à catastrofização, ou seja, a tendência de ver as situações como se tivéssemos uma lupa. O que acontece quando vemos algo com uma lupa? [Esperar as respostas.] *Efetivamente, vemos as coisas de maneira amplificada, aumentamos as coisas de tamanho. Vocês sabiam que existem diferentes tipos de transtornos de ansiedade?* [Esperar as respostas.] *Cada um deles tende a ver um tipo de coisa como ameaçadora. Vamos ver esse slide* [mostrar *slide* 4]. *Nele podemos ver as diferentes coisas ou situações que são avaliadas como ameaçadoras em cada transtorno.* [Ler cada uma delas e responder às dúvidas que os participantes possam ter.]

DESCATASTROFIZAÇÃO (20 MINUTOS)

A seguir, será realizado um exercício que tem como objetivo ajudar os participantes a reduzirem o nível de catastrofização que se costuma apresentar diante das situações consideradas ameaçadoras. A ideia é que os participantes percebam que é possível comtemplar as situações de maneira menos grave ou ameaçadora do que estavam vendo no início. Para isso, o terapeuta escutará as situações que amedrontam os participantes e se utilizará de perguntas que servirão para questionar o quanto é "terrível" a situação na qual estão pensando, e para que observem como podem ter superado situações ainda piores.

Bom, agora vamos fazer um exercício simples. Peço a vocês que preencham a "Ficha de descatastrofização" [distribui-las enquanto estiver falando], *começando por alguma situação que poderia deixá-lo ansiosos ou que considerem perigosa ou ameaçadora* [dar um tempo para que os participantes respondam]. *Por exemplo,* [dizer o nome de um participante]. *Você poderia compartilhar conosco alguma situação ou alguma coisa que considere muito perigosa ou ameaçadora?* [Esperar a resposta. É importante considerar que, nas ocasiões em que os pacientes falam de seus temores e daquilo que imaginam ser a pior situação possível do passado relacionada a seu temor, pode causar muita ansiedade e dor.

Se isso chegar a acontecer: primeiro, é importante legitimar a emoção do participante e evidenciar a importância de realizar o exercício.]

[Posteriormente, passar à etapa de avaliação desse pensamento por meio do exagero. Para isso, completarão a *"Ficha de descatastrofização"* respondendo às perguntas a seguir:]

Muito bem, agora vamos responder à algumas perguntas e, para isso, podem usar o exagero, exagerando suas respostas ao máximo, já que, em algumas ocasiões, imaginamos algumas consequências que não são tão graves quanto pensávamos no início de uma determinada situação. Começamos com a segunda pergunta, por favor, completem-na [dar um tempo para que respondam e prosseguir, pedindo para o participante anterior]. [Dizer o nome do participante] *Na situação que você descreveu, o que seria a pior coisa que poderia acontecer?* [Esperar a resposta do participante. Caso não surja nada mais grave, pedir a colaboração dos outros membros do grupo. Se ainda assim os participantes não encontrarem uma situação mais grave, o terapeuta deverá facilitar, fazendo uso do exagero ou do humor. Por exemplo, perder o trabalho depois do TCE pode ser uma situação difícil, no entanto, é uma situação que possivelmente alguém tenha enfrentado e sobrevivido, enquanto nossa mente nos faz pensar que seria "insuportável" ou que "não poderia viver assim". Por exemplo, além de perder o emprego, o que poderia acontecer? Talvez a situação ficasse mais complexa, mas, em algum momento tivemos que começar do zero? Mesmo que não se trate de uma situação que gostaríamos de viver, a ideia é mostrar que as coisas que acontecem conosco são menos "insuportáveis" do que nossa mente nos faz acreditar.]

Agora vamos responder juntos a seguinte pergunta: você teve alguma experiência que mostre que uma determinada situação sempre termine mal? [Esperar que respondam à pergunta e, depois disso, pedir ao participante que diga sua resposta. Caso não acrescentem nada, ajudar a encontrar alguma situação parecida à descrita que seja mais significativa e que não tenha tido consequências tão negativas como as que os participantes descreveram anteriormente]. *Muito bem, vamos agora para a quarta pergunta: existe algo pior que vocês tenham enfrentado na vida?* [Esperar que respondam à pergunta e, depois disso, pedir ao participante que diga sua resposta. Caso não acrescentem nada, ajudar a encontrar alguma situação parecida.] *Bem, vamos prosseguir com a pergunta: Haveria outra explicação que ajude a ver a situação como ameaçadora?* [Esperar que respondam à pergunta e, depois disso, pedir ao participante que diga sua resposta.] *Muito bem, vamos agora responder a última pergunta: se o pior chegasse a acontecer, como lidar com isso?* [Esperar que respondam à pergunta e, depois disso, pedir ao participante que diga sua resposta.]

Acredito que esse exercício tenha servido para percebermos que aquelas situações que víamos como extremamente graves ou ameaçadoras, na realidade, podem não ter tal magnitude. Para isso, sempre devemos nos lembrar e nos fazer essas perguntas, pois elas servirão para que questionemos o quanto essa situação é terrível e para pensarmos nas outras ocasiões em que fomos capazes de superar situações similares àquela que estamos enfrentando, inclusive situações piores.

FAZENDO A BUSCA DE INFORMAÇÃO SER MAIS OBJETIVA (20 MINUTOS)

Desde o modelo cognitivo, está evidenciado que, quando as pessoas têm transtornos de ansiedade, é possível que tenham o hábito de buscar informação que seja consistente com suas crenças e ignorem informação que as refutem. Por isso, nesta sessão, planejamos um exercício para que as pessoas façam com que essa busca de informação sobre algum pensamento seja mais objetiva.

Às vezes, temos o costume de buscar informação ou evidências que nos permitam confirmar nossas crenças negativas sobre nós mesmos, limitando informação que a contradiga. Por exemplo, se eu penso "ninguém me ama" é possível que, quando me questiono se essa ideia está correta, apenas pense nas pessoas que me rejeitaram e não naquelas que me mostram afeto, me procuram, se preocupam comigo. Para fazer a busca de informação ser mais objetiva, vamos completar a ficha "Busca compreensiva de informação". [Distribuir a ficha aos participantes.] *Utilizaremos esta ficha sempre que surgir uma ideia negativa sobre nós mesmos, como a que acabamos de ver. Isso nos ajudará a coletar uma informação mais completa, ou seja, quais foram os fracassos, mas também quais foram os êxitos, assim como os fracassos e os êxitos dos demais. Por favor, peço que preencham a parte "Coletando informação mais completa".* [Esperar que terminem de completar essa parte e continuar].

Em seguida, vocês vão responder as perguntas que aparecem abaixo, onde está escrito "Coisas para perguntar a mim mesmo/a na minha busca de informação", para ver se estão sendo seletivos na informação que buscam sobre si mesmos.

[Esperar que terminem de completar e depois disso, fazer com que os participantes conversem sobre a experiência, auxiliando para que questionem se sua maneira de buscar informação ou evidência em relação à um pensamento está sendo seletiva ou não.]

ATRIBUIÇÃO DA TAREFA PARA CASA APLICAÇÃO DO "CARTÃO DE APOIO" PARA O CONTROLE DA ANSIEDADE (10 MINUTOS)

[Para concluir a sessão, fazer com que os participantes elaborem (preencham) um cartão no qual recordem que às vezes colocamos uma lupa sobre nós para avaliar o quanto as situações são ameaçadoras ou perigosas, e isso nos leva a vê-las de uma forma pior do que realmente são. Para isso, os participantes criarão um cartão que servirá de apoio para controlar a ansiedade. Assim, deverão pegar algumas das perguntas utilizadas durante a sessão para questionar seus pensamentos e as respostas que obtiverem. Para tal, depois de criar o cartão, poderão consultá-lo quando enfrentarem uma situação que considerem ansiosa para descobrir se estão sendo catastróficos. Além disso, diante do exagero, assim como foi feito na sessão anterior, deverão reconhecer a catastrofização e ver a situação de maneira mais realista.]

A fim de praticar o que aprendemos hoje, vou pedir que criem um "Cartão de apoio" para levar com vocês e utilizá-lo todas as vezes que enfrentarem uma situação que possa provocar ansiedade e descobrirem se o que estão pensando dessa situação é exagerado ou não, assim como fizemos durante esta sessão. Aqui estão os cartões [distribuir os papeis], escolham, por favor, da "Ficha de descatastrofização", três perguntas que mais serviram para avaliar de maneira mais realista a situação. [Estabelecer um tempo para que escrevam no cartão as três perguntas escolhidas]. *Bom, agora lembrem-se. daqui até a próxima sessão, toda vez que se encontrarem em uma situação que considerem ameaçadora, peguem seu "Cartão de apoio" e respondam as perguntas que escreveram nele. Espero que isso os ajude a avaliar a situação de maneira mais realista. A tarefa para casa consiste em trazer um exemplo de como vocês aplicaram o "Cartão de apoio" em uma situação. Lembrem-se de guardar a folha da tarefa na pasta e, se for necessário, escrevam uma nota na sua agenda ou no celular para se lembrarem de completá-la. Nos vemos na próxima sessão.*

SESSÃO 6
HABILIDADES DE ENFRENTAMENTO

6

OBJETIVOS DA SESSÃO

1) Revisar a tarefa de casa da semana anterior;
2) Mostrar e identificar as estratégias de enfrentamento mais utilizadas frente à ansiedade e aprender a aplicá-las;
3) Revisar as estratégias de enfrentamento utilizadas previamente pelos participantes;
4) Aperfeiçoar a técnica *Mindfulness* de relaxamento;
5) Atribuir a tarefa para casa.

DURAÇÃO

- 90 minutos

MATERIAIS

- Lousa;
- Pasta;
- Caneta;
- Folha para anotações. Os participantes com dificuldades de motricidade fina podem utilizar um *Ipad/Tablet* para anotar;

- Folha(s) de tarefas;
- Ficha de novas estratégias de enfrentamento;
- Ficha de controle de eventos passados;
- Ficha de intenção de implementação.

BOAS-VINDAS (10 MINUTOS)

Bom dia/boa tarde a todos/as, sejam bem-vindos. Antes de começar a sessão, lembro a vocês que as regras que estabelecemos anteriormente estão à sua disposição aqui [apontar para o lugar em que o terapeuta deixou afixadas as normas].

Como em todas as sessões, começaremos com um exercício de Mindfulness para tomarmos consciência desse momento e desse lugar. Para isso, peço que vocês se acomodem e fiquem na postura que vimos na semana passada [Mostrar o *slide* 2 e sentar-se na postura para que os participantes imitem o terapeuta:], *sentados em uma cadeira com os pés tocando o chão e as mãos sobre as coxas, ou no chão com as pernas cruzadas e as mãos nos joelhos. As costas devem estar eretas, como se houvesse um cabo entre a cabeça e o céu* [O terapeuta deve lembrar que a posição pode ser adaptada às características dos participantes]. *Como fizemos na outra vez, antes de começar, gostaria de pedir que digam, em uma escala de 0 a 10, quão ansiosos ou nervosos vocês se sentem neste momento. Pensem que 0 equivale a nada ansioso/nervoso e 10 a totalmente ansioso/nervoso.*

Vamos fechar os olhos e nos concentrar na nossa respiração. Pouco a pouco, vamos diminuindo a velocidade da respiração, deixando-a mais lenta e profunda. Faremos respirações profundas e controladas. [Deixar vários minutos.] *Agora, vamos imaginar que estamos entrando em uma fábrica. É uma fábrica de caixas. Aproximem-se de uma das esteiras infinitas que transportam as caixas já empacotadas. Observem as caixas que estão passando, sem avaliar ou fazer julgamentos sobre elas. A partir deste momento, coloquem dentro das caixas os pensamentos que surgirem durante os exercícios, caso eles apareçam... pensamentos sobre o exercício, sobre você, até mesmo a angústia de não ter tais pensamentos. Apenas coloque-os nas caixas e deixe-os ir embora.*

[É necessário estabelecer um tempo para que os participantes consigam fazer o exercício. Durante o exercício, que durará 10 minutos, o terapeuta recordará o seguinte:] *Durante o exercício, outros pensamentos, julgamentos e opiniões podem surgir na nossa mente, tanto a respeito do exercício quanto a respeito de nossa vida, até de nossa atitude diante deles. Cada vez que percebermos que a mente está pensando em algo diferente, o que fazemos é voltar nosso pensamento para o exercício, sem fazer julgamentos sobre o pensamento anterior. Neste caso, colocamos esses pensamentos em uma caixa e deixamos que vão embora.*

[Depois de finalizar a atividade, dizer:] *Bem, agora que terminamos, gostaria de pedir que me digam novamente como se sentem, utilizando a mesma escala que utilizamos previamente. Como se sentem neste momento?*

REVISÃO DA TAREFA DA SEMANA ANTERIOR (5 MINUTOS)

Antes de começar a sessão de hoje, gostaria de saber como foi a tarefa para casa. Como se lembram, pedi que vocês trouxessem um exemplo de como usaram o "Cartão de apoio" que criaram.

[A partir dos exemplos e dos casos trazidos pelos participantes, resolver as dúvidas que possam ter restado e relembrar que, algumas vezes, todos podemos chegar a catastrofizar as situações, mas o que é mais importante é termos consciência disso. Isso permitirá observar as situações de forma mais realista e poderemos colocar em prática estratégias para enfrentá-las.]

IDENTIFICAÇÃO DAS ESTRATÉGIAS DE ENFRENTAMENTO MAIS UTILIZADAS (20 MINUTOS)

[Esta sessão começará retomando a equação da ansiedade e serão apresentados aos participantes elementos que ajudam a modular a ansiedade.]

Como vocês devem se lembrar das sessões anteriores, cada tipo de ansiedade considerava ameaçadores diferentes estímulos. Por exemplo, para uma pessoa que sofre de transtorno do pânico, os estímulos mais ameaçadores são as sensações corporais, como a taquicardia. E, como devem supor, o medo por trás de cada transtorno de ansiedade também é diferente. Como podem ver nesta tabela [colocar o *slide* 3], *cada transtorno se caracteriza por ter medo a determinados acontecimentos.* [Descrever cada um deles e esclarecer as possíveis dúvidas.]

Nas sessões anteriores, e também com a realização da tarefa para casa da sessão passada, aprendemos que, para sentir ansiedade, estão presentes algumas circunstâncias [colocar *slide* 4]. *Devemos interpretar a situação como ameaçadora, temos que pensar que a situação pode nos causar dano, que não temos nenhuma, ou temos poucas habilidades ou possibilidades de estratégias, e que não contamos com ajuda. Durante essa sessão e a seguinte, aprenderemos quais são os elementos que podem nos ajudar a modificar nossa ansiedade, ou seja, enfrentar a situação que percebemos como ameaçadora.*

O primeiro elemento que veremos serão as estratégias de enfrentamento. Para discutir sobre elas, vale a pena começarmos pensando sobre o que fazemos quando estamos diante de uma situação que nos cause ansiedade. [Distribuir, ao mesmo tempo, a "*Ficha de novas estratégias de enfrentamento*"]. *Antes de tudo, vamos pensar em uma situação comum a todos e que provoque ansiedade* [pedir para o grupo pensar em uma situação comum que provoque ansiedade]. [Pode ser uma situação real que esteja acontecendo ou algo que poderia acontecer ou que já tenha acontecido. Cabe destacar que é muito provável que os participantes indiquem que é o TCE o gerador de ansiedade. O terapeuta deverá esclarecer que o TCE é um evento do passado e que o que provoca ansiedade podem ser as consequências trazidas por ele. O terapeuta deverá ajudar os participantes a pensarem em situações concretas que provoquem ansiedade. Caso não surja nenhum tema em comum, utilizar o exemplo de "falar com mais de duas pessoas porque julgam que não seriam capazes de continuar a conversa", "problemas para se lembrar do nome das pessoas ou das coisas"].

Bom, todos pensaram em ______________ [descrever a situação que foi escolhida]. *Podem anotá-la na ficha* [dar tempo suficiente para isso].

Agora, vamos para a seguinte pergunta: o que de pior poderia acontecer nessa situação? Por favor, vamos pensar no pior que poderia acontecer se estivéssemos nessa situação. Vou pedir que preencham esta parte de forma individual. Depois, reuniremos as respostas [dar tempo suficiente para que os participantes pensem e descrevam a situação na folha. Reunir as diferentes situações que foram pensadas]. *Bom, já pensamos no pior cenário, mas, como vimos na sessão anterior, muitas vezes exageramos a situação e caímos na catastrofização. Então, gostaria que pensássemos de forma realista no que aconteceria nessa situação apontada por vocês. Ou seja, pensem na possibilidade que a situação descrita aconteça e, depois, pensem no que seria mais realista acontecer.* [O terapeuta ajudará um por um dos participantes a pensar de foram mais realista sobre a situação. Esta etapa servirá para trabalhar o processo de descatastrofização que foi apresentado na sessão anterior. Em seguida, o terapeuta fará uma pequena revisão junto com todos os participantes.]

Agora, vamos pensar, se a situação que descreveram chegasse a acontecer, como ela poderia ser enfrentada? Como lidaríamos com ela? Cada um de vocês pensará em como agiria e, em seguida, compartilharemos as respostas. [A partir dessas duas perguntas, começa-se a pensar em estratégias de enfrentamento, para que se esteja preparado para o pior (descatastrofização). Deverão pensar em estratégias e habilidades que tenham para enfrentar a situação. Ao final, o terapeuta resume as propostas dos participantes.]

Neste momento, nos concentraremos em nós mesmos, em nossas habilidades e estratégias. Gostaria que vocês respondessem estas questões: conhecemos pessoas que passaram pela mesma situação e tiveram êxito ao enfrentá-la? E mais: poderíamos fazer uma lista das coisas que essas pessoas fizeram para enfrentar essa situação? Para isso, podem pensar em alguém que conheçam que tenha podido controlar essa situação com êxito ou mesmo em alguém que não conheçam; pode ser alguém que seja famoso. Vou pedir que preencham esta parte de forma individual. Posteriormente, compartilharemos cada uma das situações com o resto do grupo para receber uma retroalimentação de outras formas de enfrentamento.

[Ao finalizar, pedir para que cada um dos participantes leia as diferentes estratégias de enfrentamento, para que o resto do grupo possa observar outras possibilidades e estratégias que não tenham sido pensadas e nem utilizadas anteriormente nessa situação.]

ESTRATÉGIAS DE ENFRENTAMENTO: SOCIALIZAÇÃO SOBRE NOVAS ESTRATÉGIAS E COMO APLICÁ-LAS (35 MINUTOS)

[Durante a parte seguinte da sessão, os participantes deverão fazer uma encenação de uma das estratégias que foram escritas durante o exercício anterior. A ideia é que planejem como essa encenação vai acontecer, que ensaiem e consigam uma retroalimentação de seus companheiros e do terapeuta.]

Como vimos anteriormente, diante de uma situação ameaçadora, a primeira coisa que devemos fazer é ver a situação da forma mais realista possível, para depois começar a pensar nas estratégias que poderemos utilizar para enfrentar a situação. Pois bem, este exercício será muito prático e permitirá nos colocarmos dentro de uma situação e ensaiar uma das estratégias de enfrentamento que observamos no exercício anterior. Para isso, vamos encenar a mesma situação ameaçadora de antes, ou seja, _______________ [lembrar qual foi a situação]. *Peço que formem* _______ [pares, grupos, dependendo de qual seja a situação ameaçadora escolhida no exercício anterior. Por exemplo, se a situação for enfrentar o chefe, duas pessoas são suficientes. No entanto, se a situação ameaçadora for falar em frente ao público, talvez sejam necessárias quatro pessoas] *e escolham uma ou duas estratégias de enfrentamento mencionadas no exercício anterior e que creiam que deva ser colocada em prática. Antes de começar com a encenação, vocês devem pensar nos passos para colocar em prática cada uma das estratégias. Irei passar por cada grupo para ajudar a planejar a estratégia e pensar como encenar a situação.*

[O terapeuta, com a ajuda do coterapeuta, deverá passar por todos os grupos e ajudá-los na preparação. Depois, cada grupo/dupla fará a encenação diante do resto do grupo. A ideia é receber retroalimentação sobre o que foi apresentado, tanto dos colegas quanto do terapeuta.]

REVISANDO AS ESTRATÉGIAS DE ENFRENTAMENTO UTILIZADAS PREVIAMENTE PELOS PARTICIPANTES (15 MINUTOS)

[Além do exercício anterior, e com o objetivo de construir uma boa base de estratégias de enfrentamento, será realizado um exercício que consiste na revisão pelos participantes de como foram solucionados os problemas anteriormente.]

Agora faremos um novo exercício. Existem ocasiões em que as pessoas com transtornos de ansiedade preveem que suas ações terão resultados negativos. A pergunta que deveria ser feita é: existiram situações ou eventos negativos no passado que poderiam ter sido controlados? Existiram ocasiões nas quais, ao enfrentar determinadas situações, fizeram isso de uma maneira melhor do que imaginavam que fariam?

Para nos concentrarmos na forma como vocês enfrentam as situações e não sobre o que imaginam que poderiam fazer, vamos preencher a ficha de controle de eventos passados. [Distribuir a "Ficha de controle de eventos passados".] *É muito provável que, se lhes pedisse para imaginar o que poderiam fazer, subestimariam sua real capacidade. Como podem observar, na ficha tem uma tabela.* Vocês começarão a pensar e a anotar os eventos estressantes que viveram e superaram com êxito, como o enfrentaram de maneira adequada e como poderiam ter enfrentado de maneira inadequada [deixar tempo suficiente para fazer o exercício. O terapeuta poderá oferecer ajuda para lembrar uma situação que tenham enfrentado com êxito].

Agora, vamos pensar sobre os problemas atuais. Escolham um e escrevam no espaço em branco que indica "problema atual". Para preencher esse espaço, quero que pensem se é possível aplicar alguma das estratégias que utilizaram anteriormente. Vocês também devem pensar em quais seriam as estratégias não efetivas de enfrentar o problema. Completar essa ficha pode ajudar a repensar as previsões negativas que vocês costumam ter sobre não serem capazes de controlar uma situação, pois sempre poderão se lembrar de como no passado enfrentaram com êxito situações similares.

[Deixar tempo suficiente para realizarem a tarefa. O terapeuta ajudará os participantes durante todo o processo.]

ATRIBUIÇÃO DA TAREFA PARA CASA (5 MINUTOS)

[Para concluir a sessão, pedir que, na sua vida diária, os participantes pratiquem o que aprenderam na sessão de hoje sobre novas formas de enfrentar situações estressantes. Para isso, será tomado como base o elemento das intenções de implementação, de bastante utilidade e evidência, como antecessoras da criação de novos hábitos.]

Com o objetivo de praticar o que aprendemos hoje, vou pedir que pensem em uma maneira de enfrentar uma situação estressante usando essas técnicas. Pensem, de acordo com as estratégias que praticamos, de quais maneiras poderiam enfrentar uma situação que seja comum em sua semana, na qual poderiam aplicar esses conhecimentos. Para que vocês se lembrem de colocar esses conhecimentos em prática durante uma situação, vamos completar a "Ficha de intenção de implementação". O que faremos será anotar a situação na qual aplicaram a nova estratégia e descreveremos a maneira de colocá-la em prática. Continuando, depois de colocarmos em prática a nova estratégia, vamos completar a pergunta sobre o que aprendemos nesta situação. Lembrem-se de guardar a folha da tarefa na pasta e, se for necessário, escrevam uma nota na sua agenda ou no celular para se lembrarem de completá-la. Nos vemos na próxima sessão.

SESSÃO 7
O APOIO SOCIAL

7

OBJETIVOS DA SESSÃO

1) Revisar a tarefa para casa da semana anterior;
2) Revisar os conteúdos da sessão anterior;
3) Demonstrar a importância do apoio social como uma das principais estratégias de enfrentamento da ansiedade e mostrar como utilizá-lo;
4) Aperfeiçoar a técnica *Mindfulness* de relaxamento;
5) Atribuir a tarefa para casa.

DURAÇÃO

- 90 minutos

MATERIAIS

- Lousa;
- Pasta;
- Caneta;
- Folha para anotações. Os participantes com dificuldades de motricidade fina podem utilizar um *Ipad/Tablet* para anotar;

- Folha(s) de tarefas;
- Ficha de novas estratégias de enfrentamento;
- Cartão de apoio.

BOAS-VINDAS (10 MINUTOS)

Bom dia/boa tarde a todos/as, sejam bem-vindos. Antes de começar a sessão, lembro a vocês que as regras que estabelecemos anteriormente estão a sua disposição aqui [apontar para o lugar em que o terapeuta deixou afixadas as normas].

Assim como na sessão anterior, vamos começar com um exercício de Mindfulness para tomarmos consciência do momento e do lugar. Para isso, peço que vocês se acomodem e fiquem na postura que vimos na semana passada. [Mostrar o *slide* 2 e sentar-se na postura para que os participantes imitem o terapeuta:] *Sentados em uma cadeira, com os pés tocando o chão e as mãos sobre as coxas, ou no chão com as pernas cruzadas e as mãos nos joelhos. As costas devem estar eretas, como se houvesse um cabo entre a cabeça e o céu* [O terapeuta deve lembrar que a posição pode ser adaptada às características dos participantes]. *Como fizemos na outra vez, antes de começar, gostaria de pedir que digam, em uma escala de 0 a 10, quão ansiosos ou nervosos vocês se sentem neste momento. Pensem que 0 equivale a nada ansioso/nervoso e 10 a totalmente ansioso/nervoso.*

Assim como fizemos nas sessões anteriores, vamos começar respirando de maneira consciente. Quando fecharmos nossos olhos, respiraremos em um ritmo lento, concentrando-nos no exercício. [Neste momento, o terapeuta coloca um objeto à vista de todos. Pode ser um vaso, um livro ou algum elemento que seja neutro e que não cause uma emoção forte nas pessoas.] *O exercício de hoje consiste em estarmos presentes em uma situação sem fazer julgamentos, simplesmente vivendo essa situação, estar ali. Para isso, peço que abram os olhos e observem o elemento que está à vista de todos. Vamos observá-lo detalhadamente, vendo cada uma de suas partes. Observem seus pensamentos e os concentre em descrever a situação, mas não em julgá-la, ou seja, podem descrever mentalmente o objeto, observar seus detalhes, mas vamos evitar julgamentos sobre ele e sobre o exercício.*

[É necessário estabelecer um tempo para que os participantes consigam fazer o exercício. Durante o exercício, que durará 10 minutos, o terapeuta recordará o seguinte:] *Lembrem-se que, enquanto fizermos esse exercício, outros pensamentos, julgamentos e percepções podem vir a nossa mente, tanto sobre o exercício quanto sobre nossa vida, até mesmo sobre nossa atitude frente a eles. Cada vez que percebermos que a mente está pensando em algo diferente, o que fazemos é voltar nosso pensamento para o exercício, sem fazer julgamentos sobre o pensamento anterior.*

[Depois de finalizar a sessão, dizer:] *Bem, agora que terminamos, gostaria de pedir que me digam novamente como se sentem, utilizando a mesma escala que utilizamos previamente. Como se sentem neste momento?*

REVISÃO DA TAREFA DA SEMANA ANTERIOR (10 MINUTOS)

Antes de começar a sessão de hoje, gostaria de saber como foi fazer a tarefa para casa. Como devem se lembrar, pedi que escrevessem uma intenção de implementar uma estratégia em sua vida diária. Gostaria de saber que situação escolheram e como foi se desenvolvendo o exercício. [Esperar por um voluntário, caso ninguém se apresente, indicar alguém para, por favor, participar.] *Muito obrigada pela colaboração. Por favor, mostre como foi a situação, o que havia planejado fazer e o que aprendeu quando o fez.*

RESUMO DA SESSÃO ANTERIOR (20 MINUTOS)

A sessão de hoje está intimamente relacionada com a anterior, por isso, antes de seguir, gostaria de lembrar o que trabalhamos na sessão anterior. Alguém poderia dizer o que aprendemos naquele dia? Podem indicar as tarefas que fizemos, algum exemplo de que se lembrem, qualquer coisa é válida.

[Determinar um tempo para que respondam. Caso ninguém se apresente, solicitar um voluntário. À medida que os participantes forem nomeando as ideias/temáticas, anotá-las na lousa para que sejam vistas. As ideias que devem ser lembradas são as seguintes:]

Durante este programa, aprendemos que existem diferentes transtornos de ansiedade e que as situações que provocam estresse são diferentes Alguém poderia lembrar um transtorno de ansiedade e o que causa ansiedade? [Esperar uma resposta.] *Isso mesmo. Além disso, nas sessões passadas também aprendemos que, para sentir ansiedade, devem estar presentes determinadas circunstâncias: devemos interpretar a situação como ameaçadora, temos que pensar que a situação pode nos causar dano, que não temos nenhuma, ou temos poucas habilidades ou possibilidades de estratégias, e que não contamos com ajuda.*

Na sessão anterior, aprendemos quais são os elementos que podem nos ajudar a modificar nossa ansiedade, ou seja, enfrentar a situação que percebemos como ameaçadora. Vocês se lembram das estratégias de enfrentamento? [Esperar resposta.] *Em grupo, fomos preenchendo uma ficha, na qual vocês indicaram uma situação em comum geradora de ansiedade* [indicar qual foi] *e o que de pior poderia acontecer nessa situação. Depois, como sabemos que podemos exagerar a situação, pedi que pensassem na probabilidade de que a situação descrita aconteça e depois que pensassem no que de mais realista poderia acontecer. Uma vez que tenhamos conseguido ter uma visão um pouco mais realista, vocês indicaram o que fariam diante dessa situação, pensando não apenas nas estratégias ou recursos que necessitariam, mas também nas pessoas que já haviam superado a mesma situação e recordaram o que elas fizeram. Devem se lembrar que, em seguida, colocaram em prática algumas das estratégias de enfrentamento identificadas no exercício. E, para terminar, o último exercício que realizaram foi pensar em eventos estressantes que sofreram anteriormente e que tenham superado com êxito.*

APOIO SOCIAL: SUA IMPORTÂNCIA E COMO UTILIZÁ-LO (45 MINUTOS)

[O apoio social faz referência à ajuda que recebemos de outras pessoas para aquelas tarefas que sentimos que não podemos realizar sozinhos, ou aquelas onde a ajuda nos deixa mais tranquilos e seguros para que a completemos. A primeira ação é saber o que os participantes pensam sobre pedir ou receber ajuda e como essa percepção mudou desde que sofreram o TCE.]

Depois dessa revisão, vamos começar a sessão de hoje. Imagino que todos nós, em algum momento de nossas vidas, tenhamos recorrido a outras pessoas para que nos ajudassem em determinada situação, ou tenhamos pedido que nos acompanhassem, pelo simples fato de sua presença nos trazer segurança. Todo o apoio que recebemos de outras pessoas é parte do que chamamos "apoio social" e é outro dos pilares para o momento de enfrentar uma situação que consideramos ameaçadora. Gostaria de saber o que vocês pensam sobre pedir ou receber ajuda de outra pessoa. Vocês acham que o apoio que recebem de pessoas próximas mudou desde que sofreram o TCE?

[Determinar um tempo para conhecer suas percepções. É importante obter a informação sobre se a percepção de ajuda mudou de antes TCE até a situação atual. Talvez os participantes apontem que, em muitas ocasiões, seus familiares se preocupem em excesso e ofereçam mais ajuda do que realmente necessitam, deixando-os incomodados com a situação. Eles também podem comentar que se sentem cansados, frustrados, tristes, etc., quando percebem que estão recebendo ajuda, ou ao se virem incapazes de fazer algo e serem forçados a pedir ajuda.]

Como vocês comentaram, às vezes podemos nos sentirmos incomodados ao pedir ajuda, ou podemos, em algum momento, termos pensado que pedir ajuda é um sinal de fraqueza de nossa parte. Pode ser que outras vezes não tenhamos pedido ajuda por pensarmos que nossos parentes próximos estão ocupados e que estaríamos atrapalhando. Em alguns momentos, pensamos duas vezes antes de pedir ajuda a uma pessoa que não nos tenha ajudado no passado. No entanto, uma das razões que aumentam os mal-entendidos entre as pessoas que mais amamos é presumir que as pessoas têm o dever oferecer ajuda. Isso é algo que todos já fizemos em algum momento: pensar que os outros deveriam saber que precisamos de sua ajuda e apoio, não apenas isso, que também deveriam saber como ajudar. É como se a pessoa tivesse uma espécie de bola mágica que dissesse como nos sentimos, o que pensamos. E, como todos sabemos, as coisas não são assim. Quantas vezes vocês mesmos não se deram conta de que sua família ou seus amigos precisavam de sua ajuda e continuaram a não perceber até que a própria pessoa apontasse o que estava acontecendo?

Portanto, mesmo que pedir e receber ajuda pareça algo bastante simples à primeira vista, o certo é que, dependendo da circunstância, não é tão fácil e é preciso saber como fazê-lo. Por isso, gostaria de perguntar a vocês: como deveríamos pedir ajuda? Vale pedir de qualquer maneira, em qualquer momento e a qualquer pessoa? O que vocês pensam sobre isso?

[Deixar um tempo para o debate. O terapeuta irá anotando as ideias principais na lousa, colocando-as em dois grandes blocos: modo de comunicação e planejamento.]

Bom, agora gostaria de apresentar algumas sugestões para o momento de pedir ajuda. Certamente alguns dos aspectos que vocês comentaram coincidem e outros talvez sejam novos.

[O terapeuta irá explicando os *slides* 3 a 7 e poderá acrescentar alguns outros exemplos que ocorrerem ou uni-los aos comentários já expostos pelos participantes. No ponto que diz "Cuidar do tom da voz e da posição corporal", o terapeuta deverá encenar para que os participantes vejam. Poderá usar um tom de voz fraco ou agudo, uma posição corporal que denote agressividade ou passividade.

A partir disso, fazer jogos de papeis para ensaiar duas situações: uma, como poderiam pedir ajuda para um problema para alguém que seja próximo; e outra, como pedir para alguém próximo para ter um pouco de independência.]

Muito bem. Vendo o quanto nosso círculo social é importante para superar qualquer situação e sabendo que não é tão fácil pedir nem receber ajuda, vamos fazer um jogo de papeis no qual, em duplas, vamos encenar como pedir ajuda a alguém próximo para resolver um problema. Antes de tudo, formem as duplas e eu os ajudo a escolherem um problema, real ou imaginário. Depois, devem escolher quem irá pedir ajuda e quem receberá o pedido. Como já vimos, vocês devem planejar bem como fariam isso e não apenas como isso seria dito. Imaginem todas as cenas possíveis: que não aceitem ajudar, que digam "talvez", que digam que podem ajudar, mas depois não ajudem etc. São livres para escolher qualquer situação. Quando escolherem, façam uma encenação na frente do resto do grupo.

[O terapeuta, com a ajuda do coterapeuta, passa pelos grupos para ajudá-los a pensar no problema e na cena. O terapeuta escolherá, junto com os participantes, situações diferentes para serem encenadas por cada uma das duplas. Por exemplo, que uma dupla ensaie uma cena em que a pessoa aceite facilmente ajudar e que outra dupla encene uma cena em que a pessoa é mais reticente. O ideal seria que encenassem as seguintes cenas: aceitar facilmente; aceitar de maneira reticente; responder com um "talvez" ou "mais tarde"; aceitar facilmente, mas quando chegar o momento, arranjar uma desculpa para não ajudar;

aceitar e ajudar, mas não como se queria. Além disso, deverá ajudar as duplas a planejar como pedir ajuda. Quando todos os grupos tiverem isso claro, começam a dramatizar a cena. Isso servirá para receber retroalimentação dos colegas e do terapeuta. A ideia é ensaiar algumas das sugestões que foram explicadas.]

Muito bem, para terminar, agora vamos para uma situação totalmente oposta. Vamos lá. Estamos diante de uma determinada situação e um parente quer oferecer ajuda, mas vocês irão pedir a ele que os deixe ter um pouco de independência. Como fizemos anteriormente, as mesmas duplas devem pensar na cena, decidir quem oferece ajuda e quem a recusa.

[O terapeuta, com a ajuda do coterapeuta, passa pelos grupos para ajudá-los a pensar no problema e na cena. Como na vez anterior, podem ser encenadas as seguintes situações: a pessoa oferece ajuda, esta é recusada, mas a pessoa aceita sem problemas a recusa; a pessoa oferece ajuda, esta é recusada, mas a pessoa insiste; a pessoa oferece ajuda e, ao ser recusada, se irrita; a pessoa oferece ajuda e, ao ser recusada, aceita, mas volta a insistir depois de algum tempo.]

ATRIBUIÇÃO DA TAREFA PARA CASA: APLICAÇÃO DE NOVAS ESTRATÉGIAS DE ENFRENTAMENTO NA VIDA DIÁRIA (5 MINUTOS)

[A partir do que foi aprendido nas sessões, pedir para os participantes completarem a "Ficha de novas estratégias de enfrentamento", de tal forma que escolham uma situação e pensem se, a partir daquilo que aprenderam no curso, ela poderia ser vista de forma diferente; ou seja, haveria alguma explicação além de que essa seria uma situação ameaçadora? É possível vê-la de outra maneira?

Posteriormente, perguntar se existem maneiras diferentes das que fizeram até agora para enfrentar a situação. Ainda pensando em aplicar o que aprenderam nessa sessão. Existiria outra maneira de enfrentar a situação? De quais maneiras outras pessoas enfrentariam essa situação? Seria útil utilizar outras estratégias? Essas perguntas podem ser respondidas com base nas estratégias aprendidas na sessão ou com a pergunta de como outras pessoas enfrentariam a mesma situação.

Finalmente, vale a pena perguntar se existem outras pessoas às quais possam pedir apoio nessa situação e como poderiam fazer isso.

A tarefa para casa será completar o "Cartão de apoio". Para isso, o terapeuta dirá:] *Com o intuito de praticar o que aprendemos, vou pedir, como tarefa para casa, que preencham a ficha chamada "Cartão de apoio"* [distribuir as folhas]. *Vamos fazer um exemplo juntos.* [O terapeuta deverá, de forma verbal, ajudar os participantes a completarem a ficha para esclarecer qualquer dúvida. Uma vez terminado o exemplo e esclarecidas as dúvidas, prosseguir, dizendo:] *Podem levar com vocês essa ficha de apoio e utilizá-la cada vez que enfrentarem uma situação na qual considerem haver a possibilidade se sentirem ansiosos. Espero que isso os ajude a avaliar a situação de uma maneira melhor. A tarefa para casa consiste em trazer um exemplo de como vocês aplicaram o "Cartão de apoio" em uma situação. Lembrem-se de guardar a folha da tarefa na pasta e, se for necessário, escrevam uma nota na sua agenda ou no celular para se lembrarem de completá-la.* Nos vemos na próxima sessão.

SESSÃO 8
TÉCNICAS DE EXPOSIÇÃO

8

OBJETIVOS DA SESSÃO

1) Revisar a tarefa para casa da semana anterior;
2) Identificar os estressores;
3) Explicar a base teórica da técnica de exposição e mostrar sua importância para superar a ansiedade;
4) Aperfeiçoar a técnica *Mindfulness* de relaxamento;
5) Atribuir a tarefa para casa.

DURAÇÃO

- 90 minutos

MATERIAIS

- Pasta;
- Caneta;
- Folha para anotações. Os participantes com dificuldades de motricidade fina podem utilizar um *Ipad/Tablet* para anotar;

- Folha(s) de tarefas;
- Ficha de Hierarquia de Estressores.

BOAS-VINDAS (10 MINUTOS)

Bom dia/boa tarde a todos/as, sejam bem-vindos. Antes de começar a sessão, lembro a vocês que as regras que estabelecemos anteriormente estão a sua disposição aqui [apontar para o lugar em que o terapeuta deixou afixadas as normas].

Como em todas as sessões, começaremos com um exercício de Mindfulness para tomarmos consciência desse momento e desse lugar. Para isso, peço que vocês se acomodem e fiquem na postura que vimos na semana passada [Mostrar o *slide* 2 e sentar-se na postura para que os participantes imitem o terapeuta:] *sentados em uma cadeira, com os pés tocando o chão e as mãos sobre as coxas, ou no chão, com as pernas cruzadas e as mãos nos joelhos. As costas devem estar eretas, como se houvesse um cabo entre a cabeça e o céu* [O terapeuta deve lembrar que a posição pode ser adaptada às características dos participantes]. *Como fizemos na outra vez, antes de começar, gostaria de pedir que digam, em uma escala de 0 a 10, quão ansiosos ou nervosos vocês se sentem neste momento. Pensem que 0 equivale a nada ansioso/nervoso e 10 a totalmente ansioso/nervoso.*

Agora vamos começar sendo conscientes de nossa respiração e de nosso próprio corpo. Vamos fechar os olhos e observar todos os pontos onde nosso corpo sente alguma pressão, alguma tensão, prestando uma atenção especial aos lugares onde nosso corpo está apoiado, as pernas na cadeira, as mãos das pernas, os pés no chão... Lembrem-se que, enquanto realizamos o exercício, outros pensamentos e julgamentos podem vir a nossa mente. Não os julgue, simplesmente voltem a se conectar com o exercício.

Agora que fomos aos poucos nos concentrando em nosso corpo, vamos ver se existe alguma emoção que nos acompanha. Talvez não esteja claro para nós o que estamos sentindo; neste momento, simplesmente observaremos e experimentaremos essas sensações em nosso corpo e neste momento; onde e como sentimos a emoção.

Tenham consciência de que a ideia do exercício é estarmos conscientes do que sentimos e de como sentimos, não de mudar o que sentimos. Com este exercício, não vamos pensar sobre a emoção, tratamos simplesmente de observá-la. Se não perceberem uma emoção, identifiquem o tom do seu corpo, ou seja, se o corpo está cansado, tenso, relaxado, vigoroso, vívido etc. Também é possível que algumas partes do corpo estejam mais tensas que outras. Vamos tomar consciência disso.

Lembrem-se de que, durante o exercício, podem surgir outros pensamentos ou críticas sobre si mesmo ou sobre o exercício como, por exemplo, "estou entediado", "não estou agindo bem". Não os julgue, simplesmente voltem a se conectar com o exercício.

[Depois de finalizar essa parte da sessão, dizer:] *Bem, agora que terminamos, gostaria de pedir que me digam novamente como se sentem, utilizando a mesma escala que utilizamos previamente. Como se sentem neste momento?*

REVISÃO DA TAREFA DA SEMANA ANTERIOR (5 MINUTOS)

Antes de começar a sessão de hoje, gostaria de saber como foi fazer a tarefa para casa. Vocês devem se lembrar, pedi que trouxessem um exemplo de como utilizaram o "Cartão de apoio".

[À medida que os participantes comentem suas experiências, é preciso esclarecer as dúvidas sobre as diferentes estratégias de enfrentamento. Se houver algum caso que fracassar, ou seja, algum caso em que o participante, apesar de ter utilizado uma estratégia de enfrentamento aprendida, não conseguiu controlar a situação ou ficou pensando em algo negativo, perguntar aos demais participantes sobre outras estratégias de enfrentamento que poderiam ter sido colocadas em prática durante a situação e, assim, os terapeutas poderão apresentar novos exercícios para os participantes.]

IDENTIFICAÇÃO DE ESTRESSORES (20 MINUTOS)

[Para desenvolver o tema de hoje, os participantes devem pensar em situações concretas que lhes causem ansiedade para colocar cada uma delas em uma lista de estressores, usando a Ficha de Hierarquia de Estressores para a exposição. Para isso, recomenda-se contar com um coterapeuta que ajude os participantes a preencher a ficha. Portanto, a primeira atitude que devem ter é escolher uma situação, um estressor, com o qual queiram trabalhar na sessão de hoje e na da próxima semana. A escolha do estressor deve ser feita levando em consideração que, como tarefa para casa da semana seguinte os participantes deverão se expor essa situação. Vale lembrar que os participantes podem identificar o próprio TCE como um estressor. Nesse caso, deve-se enfatizar que o TCE em si não é um estressor, mas as consequências que ele traz o são (por exemplo, perder o emprego, a independência, o parceiro/a, os amigos). Depois de selecionar o estressor, cada pessoa inicia o preenchimento da ficha onde se pergunta o nível de estresse que enfrentar esse estressor produz e, em seguida, será perguntado sobre situações relacionadas com esse estressor que produzam um estresse menor. A ideia é preencher a ficha com umas dez situações que se associem com o estressor, mas que produzam uma ansiedade gradual (de 1 a 10).]

Durante a sessão de hoje, vamos explicar e compreender as bases de uma das técnicas mais utilizadas e que demonstrou maior eficácia no enfrentamento de situações que nos geram ansiedade. Mas, antes de começar com a técnica, vocês devem primeiro pensar e imaginar uma situação estressante ou que gere ansiedade com a qual queiram trabalhar nesta sessão e na sessão da próxima semana. Levem em consideração que a situação selecionada deve ser uma que possam enfrentar durante a próxima semana, pois essa será a tarefa para casa. O objetivo é imaginar-se na situação da maneira mais detalhada possível. Pode ser que para alguns de vocês seja mais fácil se imaginar nessa situação de olhos fechados ou pensando em um evento passado no qual tenham sido expostos a essa situação.

Vamos passo a passo. Primeiro, vou distribuir esta ficha. [Distribuir a "Ficha de Hierarquia de Estressores".] *Como podem ver, a primeira coisa que devem fazer é pensar em uma situação que provoque ansiedade e queiram enfrentar durante esta sessão e durante a semana. Como eu disse, deve ser uma situação que possam enfrentar durante a semana, pois essa será a tarefa para casa. Quanto mais concreta for a situação estressora, melhor. Portanto, não serve dizer "meus problemas de atenção e memória", já que isso é muito vago. Prefiro que pensem em algo mais concreto: "falar com um grupo de pessoas, pois elas irão perceber que me perco durante a conversa e fica difícil para mim acompanhá-las".*

[Determinar um tempo para que pensem na situação estressora. Tanto o terapeuta quanto o coterapeuta ajudarão os participantes a selecionar um estressor.]

Bom, agora que todos escolheram uma situação, peço que respondam a esta pergunta: O que poderia acontecer nessa situação que poderia provocar em vocês o maior grau de ansiedade possível? Por exemplo, continuando com a situação passada, vamos imaginar que minha situação estressora são as conversas em grupo. A pior situação possível para mim, a que me causaria maior ansiedade, seria, ao manter uma conversa com um grupo de cinco pessoas desconhecidas, esquecer o que queria dizer. Isso me causaria uma ansiedade de 10, ou seja, o nível máximo em uma escala de 0 (nada estressante) a 10 (extremamente estressante). Agora é a vez de vocês. Cada um imagina o pior cenário possível e anota no documento.

[Determinar um tempo para pensarem. Tanto o terapeuta quanto o coterapeuta ajudarão os participantes. Para alguns participantes talvez seja mais fácil pensar com os olhos fechados e imaginar a situação. Outros podem ter vivido uma experiência e apenas devem recordá-la.]

Muito bem, agora quero que pensem o que poderiam fazer para que a situação fosse mais tolerável. Por exemplo, ainda seguindo a mesma situação, pode ser que o fato de manter uma conversa com quatro amigos sobre um tema que domino pouco gere ansiedade, mas não seria tão extremo como na situação anterior, isso seria mais tolerável. Eu poderia medir a situação como um 7 de ansiedade, em uma escala de 0 a 10. Agora é a sua vez.

[Determinar um tempo para pensarem. Tanto o terapeuta quanto o coterapeuta ajudarão os participantes. Como na vez anterior, para alguns participantes pode ser mais fácil pensar com os olhos fechados e imaginar a situação. Outros podem ter vivido uma experiência e apenas devem recordá-la.]

Agora, vamos para a próxima pergunta. *Desta vez, vocês devem pensar sobre quais condições sentiriam um grau menor de ansiedade nessa situação. Por exemplo, no caso de falar com várias pessoas ao mesmo tempo, a situação que me traria menos estresse seria manter uma conversa com dois familiares próximos sobre um tema que conheço muito bem. Isso não me traria ansiedade e poderia classificar essa situação como 1. Bom, agora é novamente a vez de vocês.*

[Determinar um tempo para pensarem. Tanto o terapeuta quanto o coterapeuta ajudarão os participantes.]

Bom, já pensamos na situação que provocaria maior grau de ansiedade, na situação que provocaria um grau menor de ansiedade e na situação que provocaria um nível intermediário de ansiedade. Agora, vamos pensar e anotar as situações intermediárias, pensando em dez situações que provoquem diferentes níveis de estresse, sendo os mais específicos possíveis, partindo da situação de maior estresse até a de menos estresse.

[Determinar um tempo para pensarem e realizarem a tarefa. Tanto o terapeuta quanto o coterapeuta ajudarão os participantes. É importante que consigam pensar nas situações da forma mais específica possível, e que sejam organizadas a partir do grau de estresse que elas provocam. Ao final, devem ter uma hierarquia de dez situações estressantes.]

EXPOSIÇÃO: A IMPORTÂNCIA DA EXPOSIÇÃO NO TRATAMENTO DA ANSIEDADE (40 MINUTOS)

[A seguir, e com a ajuda dos participantes, deverá ser explicada a importância da exposição na intervenção dos transtornos de ansiedade. Para isso, começar a explicar novamente um elemento importante sobre a ansiedade:]

Durante as seis sessões anteriores, vimos os elementos associados à ansiedade que surgem na nossa mente quando estamos enfrentando ou quando pensamos em situações de ansiedade. Agora, vamos compreender por que a ansiedade e tornou um problema muito importante na nossa vida diária e o que acontece na nossa mente durante esse processo. Para isso, é importante pensarmos o que acontece quando nos sentimos ansiosos. Alguém quer nos ajudar a entender isso melhor?

[Com a ajuda que algum voluntário, mostrar o círculo da ansiedade mediante uma série de perguntas que serão feitas para o participante. Se não houver nenhum voluntário, o terapeuta escolhe uma pessoa.]

Agora, para entender melhor o que acontece em nossa mente, vou fazer algumas perguntas. Que situação provoca ansiedade? [esperar a resposta] *O que fazer quando sentir ansiedade?* [esperar a resposta] *E,, por último, como você acha que evitar essa situação afeta sua ansiedade?* [esperar a resposta].

Lembrem-se que no início havíamos falado que a ansiedade tinha três componentes: o que pensamos, o que fazemos e o que sentimos. Nossa sessão de hoje foca no que fazemos, e assim como vimos no exemplo anterior, em geral, quando nos sentimos ansiosos, acabamos evitando as situações que nos provocam ansiedade. Como vimos nas sessões anteriores, isso traz um alívio a curto prazo, mas, a longo prazo, acontecem duas coisas: uma, não nos permite compreender se a situação temida é tão grave, tão adversa como a imaginávamos; dois, no fim, acabamos acreditando que não somos capazes de enfrentá-la.

Evitar a ansiedade é o carimbo da ansiedade. O que é irônico nessa situação é que, enquanto mais evitamos a ansiedade, mais ansiedade sentiremos no futuro [mostrar o *slide* 3]. *Por isso, para superar a ansiedade, necessitamos aprender a nos aproximar das situações e das pessoas que evitamos. É por isso que hoje em dia sabemos que uma das técnicas mais eficazes para a intervenção na ansiedade é a exposição. Se expor consiste em ir se aproximando aos poucos das situações que tememos, a fim de sentirmos ansiedade.*

Sei que recomendar a exposição pode soar complicado, mas podemos fazer isso aos poucos. Podemos começar com aquelas situações que provocam pouca ansiedade, de acordo com a lista que cada um de vocês elaborou. Isso significa que é preciso enfrentar cada uma das situações que vocês escreveram. Fazemos isso colocando em prática essas situações; no entanto, o objetivo não é sentir ansiedade, mas enfrentar a situação, apesar do medo. Alguém tem alguma dúvida? O que vocês pensam a respeito disso?

[Responder as dúvidas dos participantes e pedir para que digam sua percepção a respeito. Aqui pode ser útil o terapeuta usar uma analogia:] *Vou apresentar um exemplo para que fique mais clara a base da técnica de exposição. Por exemplo, imaginem que uma criança vê o mar pela primeira vez acompanhada de seus pais. É possível que se sinta emocionada no início e depois sinta medo diante do desconhecido, nesse caso, o mar. Geralmente, a mãe e o pai incentivariam a criança a se aproximar aos poucos, entrando no mar aos poucos ao lado da criança. Enquanto entram no mar, haverá momentos de maior medo para a criança, como quando chega uma onda mais forte a criança se sente menos segura. Certamente, nesse momento, a criança pedirá para sair do mar, o que fará com que os pais esperem que ela se sinta segura e voltem a incentivá-la a ir em frente. O que aconteceria se a mãe e o pai concordassem com a criança quando ela diz que quer sair do mar?* [Esperar as respostas.] *O que aconteceria se eles não esperassem que a criança se sentisse mais segura para continuar a entrar no mar?* [Esperar as respostas.]

Portanto, com esse exemplo, vemos duas coisas importantes: primeiro, a exposição deve ser um processo gradual, que se faz aos poucos, mas sem ser interrompida; é preciso continuar até a exposição completa à situação temida. Segundo, quando enfrentamos a situação que tememos, conseguimos mudar dois elementos básicos da ansiedade: a percepção que temos da situação e a que temos de nós mesmos, além da nossa capacidade para enfrentar uma situação. Se enfrento essa situação, já não a vejo mais como algo impossível de se superar e, assim, me dou conta daquilo que posso fazer; que posso enfrentar a situação.

[Neste momento deve-se esclarecer as dúvidas dos participantes e pedir que eles digam o que pensam a respeito disso. Certamente, os participantes falarão sobre seus medos diante da exposição; o terapeuta deve escutar e incentivar os participantes a realizarem o exercício de exposição. Se for necessário, vale a pena ter alguns dados em mente (ver Clark & Beck 2010) para aprofundar as explicações que forem necessárias:

Vimos que as pessoas ansiosas ou que têm ataques de pânico, de forma geral, não sentem mais ansiedade do que as demais, mas elas são mais sensíveis a ela;

A exposição à ansiedade é a técnica mais efetiva para o tratamento dos transtornos de ansiedade;

As pessoas com transtornos de ansiedade percebem os estímulos como sendo mais ameaçadores do que são, por isso é necessário ajustar a percepção.

Caso algum participante apresente resistência à exposição, o terapeuta deverá incentivá-lo a realizar ao menos a exposição na imaginação, apontando que, depois disso, poderá avançar um pouco e se animar a realizar a exposição ao vivo.

Vale a pena também recordar ao participante da razão pela qual ele próprio se animou a participar do programa.

ATRIBUIÇÃO DA TAREFA PARA CASA (15 MINUTOS)

O objetivo da tarefa para casa é fazer os participantes repensarem e organizarem melhor sua hierarquia de estressores. Isso é importante e deve fazer com que vejam a importância de realizar uma boa hierarquia, já que, na próxima sessão, serão iniciadas as exposições progressivas.

*Vamos finalizar esta sessão, mas antes, como sempre, gostaria de indicar a tarefa para casa. Para a próxima sessão, gostaria que vissem novamente a hierarquia de estressores que elaboraram nesta sessão e que, com clama, revisassem e se assegurassem que as situações estão ordenadas a partir daquela que provoca maior ansiedade até aquela que provoca menor ansiedade. Lembrem-se que o melhor é pensar na situação que mais provoca ansiedade e colocá-la primeiro, e depois ir para a situação que provoque menos ansiedade e colocá-la por último. Assim, sobra pensar nas situações intermediárias e ordená-las. Para a próxima sessão, é importante que as situações estejam claras e a sua ordem finalizada, pois, na próxima sessão, utilizaremos a técnica de exposição e, para que ela funcione, é preciso que a exposição seja feita aos poucos, de maneira gradual. Lembrem-se de guardar a folha da tarefa (*Ficha hierarquia de estressores*) na pasta e, se for necessário, escrevam uma nota na sua agenda ou no celular para se lembrarem de completá-la.* Nos vemos na próxima sessão.

SESSÃO 9
EXPOSIÇÃO PROGRESSIVA

9

OBJETIVOS DA SESSÃO

1) Revisar a tarefa para casa da semana anterior;
2) Revisar os conteúdos da sessão anterior;
3) Colocar em prática a técnica de exposição imaginária;
4) Fazer um plano de controle para a exposição ao vivo;
5)Aperfeiçoar a técnica *Mindfulness* de relaxamento;
6) Atribuir a tarefa para casa.

DURAÇÃO

- 90 minutos

MATERIAIS

- Pasta;
- Caneta;
- Folha para anotações. Os participantes com dificuldades de motricidade fina podem utilizar um *Ipad/Tablet* para anotar;

- Folha(s) de tarefas;
- Ficha de Hierarquia de Estressores.

BOAS-VINDAS (10 MINUTOS)

Bom dia/boa tarde a todos/as, sejam bem-vindos. Antes de começar a sessão, lembro vocês que as regras que estabelecemos anteriormente estão a sua disposição aqui [apontar para o lugar em que o terapeuta deixou afixadas as normas].

Assim como na sessão anterior, vamos começar com um exercício de Mindfulness para tomarmos consciência do momento e do lugar. Para o exercício de hoje, é importante que tenham com vocês lápis e papel. [Distribuir uma folha e verificar se todos têm à sua frente os materiais para escrever.] *Agora vamos ficar na postura que vimos na semana passada.* [Mostrar o *slide* 2 e ficar na postura para que os participantes imitem o terapeuta:] *Sentados em uma cadeira, com os pés tocando o chão e as mãos sobre as coxas ou sentados no chão, com as pernas cruzadas e as mãos nos joelhos. As costas devem estar eretas, como se houvesse um cabo entre a cabeça e o céu* [O terapeuta deve lembrar que a posição pode ser adaptada às características dos participantes]. *Como fizemos na outra vez, antes de começar, gostaria de pedir que digam, em uma escala de 0 a 10, quão ansiosos ou nervosos vocês se sentem neste momento. Pensem que 0 equivale a nada ansioso/nervoso e 10 a totalmente ansioso/nervoso.*

Como nas sessões anteriores, vamos começar respirando de maneira consciente. Enquanto fechamos nossos olhos, respiraremos em um ritmo lento, nos concentrando no exercício. Vamos nos concentrar em sentir a respiração entrando e saindo do nosso corpo e nos concentrar no lugar onde estamos. Percebam a temperatura do lugar, os sons do ambiente, se há algum cheiro no ar e quanta luz vemos através de nossas pálpebras. Utilize todos seus sentidos, sem a necessidade de se esforçar para isso; simplesmente deixe-se levar. [Estabelecer alguns minutos de silêncio para que os participantes consigam fazer o exercício.] *Vamos concentrar nossa atenção na mente e vamos observar todas as coisas que estiverem passando por ela. Vamos abrir os olhos e observar a folha em branco que temos na nossa frente. Este exercício não tem uma ordem e não é preciso fazer um texto legível para as outras pessoas, apenas devemos observar nossa mente, sem julgamentos. O que faremos é pegar o papel e ir escrevendo o que formos pensando. Podem ser palavras, opiniões. A ideia é ir escrevendo sem pensar se estão em ordem, se são coerentes. Trata-se simplesmente de deixar os pensamentos da nossa cabeça.* [Durante o exercício, que durará 10 minutos, o terapeuta recordará o seguinte:] *Lembrem-se que, enquanto fazemos esse exercício, outros pensamentos, julgamentos e percepções podem vir a nossa mente, tanto sobre o exercício quanto sobre nossa vida, até mesmo sobre nossa atitude frente a eles. Cada vez que descobrimos que a mente está pensando em algo diferente, o que fazemos é voltar nosso pensamento para o exercício, sem fazer julgamentos sobre o pensamento anterior.*

Depois de finalizar essa parte da sessão, dizer: Bem, agora que terminamos, gostaria de pedir que me digam novamente como se sentem, utilizando a mesma escala que utilizamos previamente. Como se sentem neste momento?

REVISÃO DA TAREFA DA SEMANA ANTERIOR (10 MINUTOS)

Antes de começar a sessão de hoje, gostaria de saber como foi fazer a tarefa para casa. Como devem se lembrar, pedi que revisassem sua hierarquia e se assegurassem de que as situações estressantes estivessem na ordem adequada, partindo da que provoca mais ansiedade até a menos ansiosa. Vocês puderam fazer a revisão? Fizeram alguma mudança? [Esperar por um voluntário, caso ninguém se apresente, indicar alguém para, por favor, participar]. *Muito obrigada pela colaboração. Por favor, como foi com você?*

RESUMO DA SESSÃO ANTERIOR (15 MINUTOS)

Como vocês se lembram, nesta sessão vamos colocar em prática a técnica de exposição, mas antes, gostaria de relembrar o que trabalhamos na sessão anterior. Alguém poderia dizer o que aprendemos no outro dia? Podem indicar as tarefas que fizemos, algum exemplo de que se lembrem, qualquer coisa é válida.

[Determinar um tempo para que respondam. Caso ninguém se apresente, solicitar um voluntário. À medida que os participantes nomeiem as ideias/temáticas, anotá-las na lousa para que sejam vistas. As ideias que devem ser lembradas são as seguintes:]

Na sessão anterior, pensamos nas situações concretas que causam ansiedade e sobre os estressores que estão envolvidos nessas situações. Cada um de vocês escolheu uma situação que queria trabalhar naquela e nesta sessão e, com ajuda da ficha, foram organizando uma hierarquia de 10 estressores e que, como tarefa para casa, fizeram uma revisão e a lapidaram. Também aprendemos que a ansiedade tem três componentes: o que pensamos, o que fazemos e o que sentimos; e a técnica de exposição foca naquilo que fazemos. As pessoas procuram evitar as situações de ansiedade e isso dá um alívio a curto prazo. A longo prazo, como vocês devem se lembrar, pode ser que não tenhamos a possibilidade de ver se a situação seria tão grave ou adversa como a imaginamos, o que nos faz acreditar que não podemos enfrentá-la. Portanto, quanto mais evitamos a ansiedade, mais ansiedade sentiremos no futuro [mostrar o *slide* 3].

Alguém pode me dizer qual seria a solução para esse problema? [Esperar uma resposta.] *Para superar a ansiedade de forma efetiva, necessitamos aprender a nos aproximar das situações e das pessoas que evitamos, aprender a nos expor. Isso é o que vamos colocar em prática nesta sessão. Como eu sei que é mais fácil falar do que fazer, vamos começar a nos expor de maneira gradativa a essas situações, desde a situação que provoque menor ansiedade, e ir superando aos poucos aquelas de maior ansiedade. Hoje vamos começar a exposição, mas usando a imaginação.*

Vocês se lembram do exemplo do menino no mar? [Esperar uma resposta.] *Uma criança vê o mar pela primeira vez acompanhada de seus pais. É possível que se sinta emocionada no início e depois sinta medo do mar. Os pais animam a criança a se aproximar aos poucos para acabar entrando no mar ao lado da criança. Ao entrar no mar, haverá momentos de maior medo, nos quais a criança pedirá para sair do mar, mas o que os pais irão esperar que ela se sinta segura e voltarão a incentivá-la a seguir em frente. Se os pais concordassem com a criança, ela nunca poderia saber se essa situação é tão temível como imagina; e se os progenitores não esperassem o suficiente e o empurrassem muito rápido para dentro do mar, a criança ficaria mais angustiada e poderia se negar a seguir em frente.*

Esse exemplo serve para entendermos que a exposição deve ser feita aos poucos, mas sem ser interrompida, e que, ao enfrentarmos a situação, vamos conseguir mudar a percepção que temos da situação e a que temos de nós mesmos, além da nossa capacidade para enfrentar uma situação.

EXERCÍCIO DE EXPOSIÇÃO IMAGINÁRIA (45 MINUTOS)

[Revisar a lista de estressores feita anteriormente e explicar o exercício.]

Agora, vamos fazer o mesmo que a mãe e o pai fazem com a criança no mar, mas faremos isso, primeiramente, de forma imaginária. A ideia é que cada um de vocês se imagine na situação da forma mais realista e vívida possível, como se ela estivesse acontecendo. Imaginem tudo na cena, quanto mais detalhes, melhor será o exercício. A ideia é permanecer na situação, mesmo se sentirem ansiedade, permanecerem na cena que escolheram apesar da ansiedade. Está claro?

Quero que cada um de vocês consultem a ficha que elaboraram há pouco e lembrem-se de qual é a primeira situação que escreveram, isto é, a que menos ansiedade provoca. [Dar um tempo e continuar.] *Vamos começar fechando os olhos e observando a nós mesmos. Estamos a ponto de entrar em um lugar, aquele que vocês quiserem. Quanta ansiedade sentimos, de 1 a 10? Lembrem-se desse número e vamos começar. Imaginem a primeira situação da forma mais vívida possível... A temperatura do lugar, o cheiro, a quantidade de ruído no ambiente... Imaginem que estão na primeira situação de ansiedade. Quanta ansiedade sentem? Fiquem nesse lugar até que eu dê as instruções, não saiam daí, apenas se mantenham nessa situação.*

[Esperar o tempo suficiente para que os participantes baixem seu nível de ansiedade até que ele esteja tolerável. Para este exercício, é preciso que haja um coterapeuta passando ao lado de cada participante para ajudar aqueles que estiverem concentrados no exercício, dando instruções mais específicas e tratando da situação escrita pelo participante. Dependendo das situações estressantes, pode ser que o terapeuta e o coterapeuta precisem formar pequenos grupos para dar instruções mais específicas, mas de forma geral (por exemplo, estão rodeados de gente enquanto colocam em prática uma atividade).

Ao finalizar a exposição à primeira situação, fazer uma retroalimentação sobre o que os participantes sentiram e pensaram. Novamente, é importante recordar que a ideia do exercício é enfrentar a ansiedade e se imaginar nas situações. Quando os participantes comentarem o que imaginaram, é importante que possam discernir suas próprias atitudes, mas de forma realista, não tendo atitudes de enfrentamento fantasiosas.]

Muito bem, como foi o exercício? Gostaria de saber o que sentiram, o que estão pensando. [Dar tempo para que respondam.] *Obrigado pelas suas contribuições. O que é importante neste exercício é que, como já vimos, trata-se de imaginar a situação da maneira mais realista possível e permanecer nela, apesar da ansiedade. Mas, também é importante imaginarmos como poderíamos enfrentar essa situação. Para isso, quero que sejam realistas, não imaginem maneiras pouco pro-*

váveis de enfrentar a situação. Por exemplo, imaginemos que a minha situação estressante seja a superproteção que recebo de um membro da família desde que sofri o TCE, sempre se preocupando excessivamente comigo e dizendo as coisas no meu lugar, sem perguntar minha opinião. Não sei como enfrentar essa pessoa. Imaginemos agora que na cena que imaginei, estou falando com minha família de maneira assertiva, enquanto essa pessoa faz perguntas e expressa seu desacordo. Uma forma de enfrentamento fantasiosa seria, por exemplo, que falo com minha família e essa pessoa me parabeniza e diz que estava esperando que eu fizesse isso. Essa é uma situação extremamente positiva, não acham? Outra cena fantasiosa seria pensar que, graças à reabilitação, voltarei a recuperar todas as minhas capacidades em 100% e, por isso, minha família não está me superprotegendo. Outro exemplo poderia ser o de que alguém intervém na conversa e me defende. Mesmo que uma situação possa ser perfeitamente realista, é outra pessoa que está enfrentando a situação e não eu, e isso não me ajuda em nada. Entendem o que estou tentando explicar? Bom, agora vamos pensar sobre a próxima situação que anotaram na ficha, ou seja, a cena dois. Leiam-na e se imaginem nessa cena da maneira mais realista e vívida possível. Lembrem-se de permanecer com o pensamento nessa cena, apesar da ansiedade, e imaginem como poderiam encará-la, sempre de uma maneira realista.

[A partir deste momento, continuar seguindo a sequência hierárquica, passando para o segundo exercício e recordando a importância de fazer uma imersão na situação. Cabe notar que, caso os participantes afirmem não terem sido capazes de enfrentar a situação à qual se expuseram, deve-se repetir o exercício até que isso aconteça. Supõe-se que uma pessoa consiga enfrentar a situação estressante quando seu nível de ansiedade, mesmo que presente, esteja baixo e, assim, ele pode se ver capaz de enfrentá-la. Neste ponto, pode ser importante que o terapeuta e o coterapeuta perguntem aos participantes se conseguiram enfrentar ou não a situação e, de acordo com as respostas, dar instruções acompanhando a maioria e dar instruções específicas para aqueles que não conseguiram avançar no exercício. Durante o tempo de duração da tarefa, os participantes trabalharam nas cenas imaginadas até que superassem as situações que elas descreviam, ou seja, até que seu nível de ansiedade estivesse suportável em cada cena. Não é necessário superar as dez situações hierarquizadas. É mais importante avançar em poucas cenas, mas realizando o exercício de forma correta, baixando os níveis de ansiedade, até eles se tornarem suportáveis.]

ATRIBUIÇÃO DA TAREFA PARA CASA: REALIZAÇÃO DE UMA EXPOSIÇÃO AO VIVO DURANTE A SEMANA (10 MINUTOS)

[A ideia do exercício anterior é facilitar a exposição ao vivo, que será a tarefa que deverão realizar para a próxima semana.]

Muito bem, o mais importante é se aproximar aos poucos da situação que provoca a maior ansiedade. A cada passo, devemos nos manter na situação, apesar de sentirmos ansiedade, até que, aos poucos, esse nível baixe, possa ser tolerável e nos vejamos capazes de enfrentar a situação. Só então poderemos dar um passo adiante e enfrentar o próximo nível.

A fim de praticar o que aprendemos hoje, vou animar vocês a dar mais um passo em frente para encarar sua ansiedade. Vou propor que, durante as próximas sessões, como tarefa para casa, façam exposições ao vivo às situações que enfrentaram na imaginação. Concretamente, para a tarefa para casa da próxima semana, incentivo vocês a se exporem pelo menos às primeiras situações que colocaram na Ficha hierarquia de estressores que elaboraram na sessão passada e que praticaram hoje, de maneira imaginária.

[Sei que pode parecer difícil, mas lembro a vocês que o fato de sentirmos ansiedade depende do quanto sentimos que a situação é perigosa e do quanto somos capazes de enfrentá-la. Lembram-se da equação da ansiedade? Mostrar o *slide* 4.] *Se enfrentarmos as situações que nos provocam ansiedade de maneira gradual, poderemos avaliar de maneira mais realista se essa situação é realmente tão ameaçadora como acreditávamos a princípio. Além disso, se enfrentarmos aos poucos essa situação, poderemos ver como temos ou como podemos desenvolver estratégias para fazer esse enfrentamento. Portanto, cada vez que enfrentarem uma situação, revisem se ela é tão ameaçadora como acreditam e se já não possuem as estratégias para enfrentá-la. Finalmente, lembro que talvez o "Cartão de apoio" que usaram na semana assada possa ser útil para realizar as exposições ao vivo. O que vocês estão pensando a respeito disso?*

[Esperar comentários e perguntas dos participantes.]

Muito bem, a tarefa para casa desta semana consiste em realizar exposições ao vivo, pelo menos, das primeiras duas situações e, se possível, alguma a mais até realizar aquelas que foram imaginadas nesta sessão. Também vou pedir que, ao menos uma vez por dia, pratiquem o exercício de exposição imaginária assim como fizemos durante a sessão de hoje. Lembrem-se de trazer para a próxima sessão a lista de estressores. Se for necessário, escrevam uma nota na agenda ou no telefone para que se lembrem de completar a tarefa para casa. Nos vemos na próxima sessão.

SESSÃO 10
RESOLUÇÃO DE PROBLEMAS

10

OBJETIVOS DA SESSÃO

1) Revisar a tarefa para casa da semana anterior;
2) Identificar os problemas da vida cotidiana;
3) Mostrar (ensinar) aos participantes a técnica de resolução de problemas;
4) Colocar em prática a técnica de resolução de problemas na vida diária;
5) Ensinar aos participantes que às vezes é preciso aceitar que existem situações que não podem ser mudadas;
6) Fazer um plano de controle para a exposição ao vivo;
7) Avançar com a técnica de exposição imaginária;
8) Aperfeiçoar a técnica *Mindfulness* de relaxamento;
9) Avançar com a técnica de exposição ao vivo;
10) Atribuir a tarefa para casa.

DURAÇÃO

90 minutos

MATERIAIS:

- Pasta;
- Caneta;
- Folha para anotações. Os participantes com dificuldades de motricidade fina podem utilizar um *Ipad/Tablet* para anotar;
- Folha(s) de tarefas;
- Ficha de solução de problemas;
- Ficha Praticando a Aceitação.

BOAS-VINDAS (10 MINUTOS)

Bom dia/boa tarde a todos/as, sejam bem-vindos. Antes de começar a sessão, lembro vocês que as regras que estabelecemos anteriormente estão a sua disposição aqui [apontar para o lugar em que o terapeuta deixou afixadas as normas].

Como em todas as sessões, começaremos com um exercício de Mindfulness para tomarmos consciência desse momento e desse lugar. Para isso, peço que vocês se acomodem e fiquem na postura que vimos na semana passada [Mostrar o *slide* 2 e sentar-se na postura para que os participantes imitem o terapeuta:] *sentados em uma cadeira, com os pés tocando o chão e as mãos sobre as coxas, ou no chão, com as pernas cruzadas e as mãos nos joelhos. As costas devem estar eretas, como se houvesse um cabo entre a cabeça e o céu* [O terapeuta deve lembrar que a posição pode ser adaptada às características dos participantes.] *Como fizemos na outra vez, antes de começar, gostaria de pedir que digam, em uma escala de 0 a 10, quão ansiosos ou nervosos vocês se sentem neste momento. Pensem que 0 equivale a nada ansioso/nervoso e 10 a totalmente ansioso/nervoso.*

Vamos nos concentrar na respiração enquanto vamos diminuindo sua velocidade. Faremos algumas respirações mais lentas e controladas. Agora, vamos imaginar uma árvore muito frondosa ao lado de um rio. Observem seus ramos, seu tronco, duas folhas. À medida que vamos observando com atenção a árvore, percebemos que ela é como a nossa cabeça, onde cada folha é um pensamento ou uma ideia que temos. O objetivo não é julgar essas ideias e nem ver se a árvore é mais ou menos frondosa que a de outras pessoas. É simplesmente observar nossa mente e seus pensamentos.

No momento que prestarmos atenção a um pensamento, veremos como a folha se separa da árvore e vai caindo no rio. Vejam a folha se afastando. Esta é a ideia dos exercícios que fazemos. Não queremos ficar fixados em nenhum pensamento, mas vê-los cair e irem embora. Se um pensamento similar voltar a acontecer, faremos o mesmo exercício, de forma repetitiva, enquanto seguimos focados na imagem maior, na ideia da árvore em seu conjunto.

[Deixar o tempo transcorrer e, posteriormente, relembrar:] *Durante o exercício, outros pensamentos, julgamentos e opiniões podem surgir na nossa mente, tanto a respeito do exercício quanto a respeito de nossa visa, até de nossa atitude diante deles. Cada vez que percebermos que a mente está pensando em algo diferente, o que fazemos é voltar nosso pensamento para o exercício, sem fazer julgamentos sobre o pensamento anterior. Neste caso, vemos as folhas se desprenderem da árvore e as deixamos ir com as águas do rio.*

[Depois de finalizar a sessão, dizer:] *Bem, agora que terminamos, gostaria de pedir que me digam novamente como se sentem, utilizando a mesma escala que utilizamos previamente. Como se sentem neste momento?*

REVISÃO DA TAREFA DA SEMANA ANTERIOR (5 MINUTOS)

Antes de começar a sessão de hoje, gostaria de saber como foi fazer a tarefa para casa. Como devem se lembrar, pedi que fizerem a exposição ao vivo das primeiras situações na hierarquia e que continuassem a fazer a exposição imaginária.

[A ideia é reforçar a atitude dos participantes que realizaram a exposição ao vivo e incentivar aqueles que ainda não a colocaram em praticar a fazê-lo. Também se deve perguntar a respeito das exposições imaginárias, enfatizando a importância de desenvolver o hábito de imaginar as situações durante o tempo que ainda resta do programa (duas semanas), pois este será o exercício central a ser praticado daqui em diante, juntamente com a exposição ao vivo.

Pedir para que algum participante que tenha realizado a exposição de forma adequada que analisem se agora veem a situação da mesma maneira ou se estão percebendo a si mesmos da mesma maneira. Neste ponto, pode-se pedir aos participantes que voltem à equação da ansiedade (*slide* 3) e, pensando na situação à que foram expostos, pensem como teriam preenchido a equação antes de começar o programa e como essa percepção foi mudando a partir dos exercícios realizados durante o programa. Dessa maneira, busca-se que os participantes reconheçam que cada enfrentamento que fizerem será uma evidência de suas capacidades de enfrentar a ansiedade.]

IDENTIFICAÇÃO DE PROBLEMAS DA VIDA COTIDIANA (15 MINUTOS)

Como vimos, este programa centra sua atenção em dois aspectos. De um lado, está a percepção que temos sobre algumas situações. Vimos que às vezes catastrofizamos, ou porque percebemos as situações como mais ameaçadoras do que realmente são, ou porque pensamos que não temos recursos suficientes, estratégias ou habilidades para enfrentá-las. No entanto, há um outro tipo de situações com que devemos ter atenção e que são os verdadeiros problemas. Ou seja, situações nas quais realmente acontece um problema e é importante encontrar uma solução para modificá-la ou aceitar o que não é possível mudar. Este é o objetivo da sessão de hoje e é o que vamos trabalhar.

[Para começar, reunir os participantes em pequenos grupos para que identifiquem problemas que têm em sua vida diária. O terapeuta, com a ajuda do coterapeuta, passa pelos grupos para ajudá-los com a tarefa. A ideia de fazer essa atividade em equipe é que se consiga ter um problema de forma objetiva, de forma que não seja o resultado de um viés catastrófico, mas que possa ser identificado de forma explícita. Antes disso, pedir para um dos participantes explicar qual problema enfrentou durante a semana e, diante das perguntas que serão feitas, definir o problema o mais operacionalmente possível.]

Para isso, vamos começar definindo algum problema que tenham enfrentado essa semana. Gostaria que alguém se animasse e expusesse um problema que tenha enfrentado. [Esperar um voluntário, se ninguém se dispuser, o terapeuta deve escolher um participante.] *Muito bem. Poderia me dizer qual problema você enfrentou?*

[É provável que o problema descrito pelo participante seja muito extenso ou pouco concreto (por exemplo, "não posso voltar a ser como eu era antes", "não posso voltar a estudar", "desde que sofri o TCE não sou feliz"). O terapeuta deverá pedir para que o participante defina o problema de forma mais concreta e observável, enfocando naquilo que está faltando e não nas possíveis causas do problema. Ou seja, a ideia é passar a definir um problema como: "não tenho dinheiro para pagar os gastos da minha reabilitação", a especificar uma conduta não praticada, por exemplo, "não tenho dinheiro para comprar uma cadeira de rodas".]

Muito bem, acredito que graças a _________ [dizer o nome do voluntário], *entendemos melhor o que quero que vocês façam. Em grupos de três pessoas, escolham um problema que tenham na sua vida diária. Lembrem-se: vocês devem definir o problema da maneira mais concreta e específica possível, não serve pensar em problemas muito vagos como "não posso controlar meus rompantes de raiva". Cconcentrem-se no que está falhando exatamente, quando, com quem, que situação etc.: "não posso controlar meus rompantes de raiva quando uma pessoa corrige meus erros". Assim, fica mais fácil buscar depois uma solução.*

RESOLUÇÃO DE PROBLEMAS: COMO FAZER? (30 MINUTOS)

Será ensinada aos participantes a técnica de resolução de problemas. Para isso, será usada a *Ficha de resolução de problemas.*

Muito bem, já aprendemos a definir um problema da maneira mais concreta possível. Como vimos, não é fácil definir um problema porque costumamos generalizá-lo (por exemplo, usando "nunca", "sempre") ou defini-lo de forma muito vaga, como se estivéssemos buscando uma solução (por exemplo, "não sou feliz"). Existe uma técnica chamada resolução racional de problemas, a qual todas as pessoas deveriam conhecer, tendo sofrido um TCE ou não, já que ela ajuda a enfrentar situações que consideramos difíceis. A técnica consiste em uma série de passos que, algumas vezes, podem nos levar a resolução de um problema e, em outras, a compreender que existem situações que escapam do nosso controle e que devemos nos concentrar naquelas que podemos controlar.

O primeiro passo é, precisamente, o que acabaram de fazer em grupo: definir o problema. Para aprender os passos seguintes, vamos continuar trabalhando em grupo com o mesmo problema definido anteriormente por cada grupo. Vou distribuir esta ficha, [distribuir a "Ficha de resolução de problemas"], *para que possam ver os passos e ir preenchendo. Como podem observar, o primeiro passo indica: "operacionalização do problema". Imagino que vocês devam estar se perguntando: o que querem dizer com "operacionalização"? Bom, operacionalizar quer dizer definir da maneira mais concreta e específica possível o problema, sem julgamentos, por mais difícil que isso seja. Isto é muito importante para se poder buscar a solução para o problema. Não se pode pensar em soluções sem estar claro qual é o problema.*

O segundo passo consiste em buscar soluções para o problema. Para isso, vocês vão fazer, em grupo, uma chuva de ideias sobre soluções possíveis para o problema. O que isso quer dizer? Que os membros de cada grupo pensarão em todas as soluções possíveis que vierem a cabeça, por mais irracionais que elas possam parecer. Nesta fase, não julguem as soluções, apenas apresentem-nas e as anotem, sem nenhum filtro. Por exemplo, ainda falando sobre o caso anterior de "não tenho dinheiro para comprar uma cadeira de rodas", agora mesmo passa pela minha cabeça que poderia pedir um empréstimo, roubar minha irmã, procurar um emprego. Quando fizerem esse exercício sozinho, pode ser uma grande ajuda perguntar a outras pessoas como elas solucionariam o problema, o que elas fariam.

[Deixar um tempo para que façam o exercício em grupo. O terapeuta, com a ajuda do coterapeuta, passa pelos grupos para esclarecer dúvidas ou oferecer ajuda. Quando essa parte estiver finalizada, o terapeuta começará a explicar o terceiro passo. Para isso, o terapeuta deve explicar aos participantes que o valor de cada uma das soluções pode ser dado por suas consequências, por isso esse passo é o mais importante. Também deve enfatizar que, ao analisar os prós e os contras, é preciso levar em consideração as consequências pessoais, o tempo requerido para a execução, o custo ou o ganho emocional, a consistência da ação com os valores pessoais da pessoa, os efeitos físicos e psicológicos para realizar a ação e os eleitos que ela tem para outras pessoas. Ainda assim, devem ser consideradas as consequências sociais, indicar para os participantes que é fundamental se importar também com a norma social. O facilitador deve pensar nos efeitos a curto e a longo prazo das opções que estão sendo avaliadas.]

Bom, agora que cada grupo pensou nas várias soluções possíveis, passaremos ao terceiro passo: procurar aquelas opções que pareçam mais adequadas para solucionar o problema. Podem ser duas ou várias. Uma vez escolhidas as opções mais adequadas, vamos ver quais são os prós e os contras, procurando identificar a melhor solução. Para isso, vocês devem levar em conta as possíveis soluções, tanto a curto quanto a longo prazo. Também, podemos avaliar os seguintes aspectos que estão nesse slide [mostrar o *slide* 4]. *Por exemplo, continuando com o caso da falta de dinheiro para comprar uma cadeira de rodas, roubar a irmã solucionaria o problema a curto prazo, mas talvez tivesse um custo emocional muito importante para mim (me sentiria culpado); isso também prejudicaria minha irmã e poderia trazer problemas econômicos para ela; e, por último, todos sabemos que roubar tem consequências sociais, eu poderia ser processado. Como vocês viram, não devem pensar apenas se a solução resolve o problema, mas também nas consequências que traem consigo. Todas as soluções vão ter consequências em todos os aspectos, como está no slide. No exemplo que acabo de citar, não existem efeitos físicos.*

Agora é a sua vez. Em grupos, escolham as duas soluções mais adequadas, na opinião de vocês, e avaliem os prós e os contras. Para ajudar, vou deixar o slide para que vocês possam pensar nas consequências possíveis.

[O terapeuta e o coterapeuta, passam pelos grupos para ajudar os participantes a avaliar as soluções, lembrando que eles devem pensar nas consequências a curto e longo prazo. Depois de verificar se os grupos terminaram a tarefa, passar para o passo 4.]

Muito bem, o passo seguinte é selecionar uma das soluções, a melhor entre as duas, e planejar como poderiam colocá-la em prática. Este passo é importante porque, a partir de sua execução, teremos informações valiosas. Se o problema continuar depois que a solução for colocar em prática, então sabemos que devemos tentar a outra alternativa, a segunda melhor solução avaliada. Se a solução funcionar, saberemos que, em ocasiões futuras, diante do mesmo problema, poderemos usar a mesma solução.

Devemos saber, e imagino que vocês já devem supor, que poucas vezes teremos soluções perfeitas. Muitas vezes, o maior problema que enfrentamos é querer uma solução rápida e que não tenha contras. Por exemplo, eu disse anteriormente que seria possível pedir um empréstimo, mas sei que, se fizer isso, deveria devolver esse dinheiro com juros para o banco. Outras vezes, devemos ter em mente que algumas situações não dependem completamente de nós, por exemplo, por mais que eu queira conseguir um emprego, isso depende da disponibilidade de trabalho e dos requisitos que forem pedidos para cada cargo. Neste sentido, precisamos admitir que existem situações que não podemos controlar.

Agora, gostaria que, em grupo, pensassem como colocariam em prática a solução que cada um selecionou. Por exemplo, das três opções que lhes apresentei, escolho pedir um empréstimo. A pergunta que eu deveria fazer é: o que preciso para pedir um empréstimo? Talvez ir ao meu banco e pedir informações sobre prazos, juros, possibilidade de liquidar a dívida. Isso seria suficiente? Talvez não. Seria recomendável consultar outros bancos e comparar para ver qual deles me ofereceria as melhores possibilidades. Além disso, como sou um pouco desatento com números, talvez seja bom que meu irmão me acompanhe, pois ele entende do tema muito mais do que eu. Ele já pediu empréstimos antes e isso seria de grande ajuda. Como podem ver, vocês devem pensar em tudo, um passo de cada vez.

[Deixar tempo suficiente para que os participantes pensem e escrevam os passos que devem ser seguidos para colocar em prática a solução. Tanto o terapeuta quanto o coterapeuta passam pelos grupos para ajudá-los a pensar em todos os passos. Lembrar que os pacientes com TCE costumam apresentar sequelas nas funções executivas, portanto será necessária uma supervisão neste momento.]

Como vimos, devemos ter a clareza de que algumas situações não dependem completamente de nós e, portanto, são situações que temos pouco ou nenhum controle. Existem situações que, por mais que quiséssemos, não poderíamos mudar, por exemplo, ter tido um TCE. Diante disso, vale a pena entender o efeito de aceitar as realidades que não podem ser modificadas em vez de seguir lutando contra elas.

[Uma vez terminada a explicação, trabalhar, a partir da resolução de problemas, o fato de que "não quero aceitar a realidade que sou uma pessoa que teve TCE", de tal forma que se revise como é feito o procedimento, mas também que se observe que, às vezes, a aceitação faz parte do processo. Para isso, seguirão os mesmos quatro passos descritos acima. O problema seria não aceitar o acontece em relação ao TCE. Como segundo ponto, pede-se que busquem soluções, além daquela que seria assumida como uma delas "não aceitar a realidade" e buscam-se os prós e contras desta e de outras, neste caso, aceitar que é a condição atual e assumi-la.

EXERCÍCIO DE ACEITAÇÃO (10 MINUTOS)

[Continuando, será realizado com os participantes um exercício de aceitação. Para isso, seguir dizendo:]

Muito bem, já aprendemos uma técnica que pode servir para resolver um problema. Como vimos, embora todos quiséssemos controlar e mudar todas as coisas que nos incomodam, é possível que algumas dessas situações não possam ser modificadas e o melhor e mais adaptável é tentar aceitá-las e obter o melhor aprendizado. Por exemplo, podemos não estar fazendo as atividades do nosso dia de forma perfeita ou como fazíamos antes do nosso TCE, mas pode valer a pena apreciar o que somos capazes agora em comparação com quando estávamos no hospital.

Para realizar este exercício devemos partir de uma condição básica que todos os seres humanos possuem, que é o fato de, de modo geral, aprendermos a aceitar muitas coisas em nossas vidas. Por exemplo: quando estamos no inverno, aprendemos a aceitar o frio e a controlá-lo. Assim como em outras situações. É necessário atuar como um observador da situação, sem pensar que devemos atuar. Ou seja, como eles poderiam descrever a situação que desejam aceitar sem julgá-la ou tentar mudá-la? É possível que um olhar da posição do observador nos ajude a ver a situação de outra forma? Existem vantagens em ver desse modo as situações que não podemos controlar assim?

Para ajudar vocês a aceitarem a situação, vamos completar a "Ficha Praticando a Aceitação" [distribuir a ficha]. *Vamos começar colocando a situação que nos preocupa na primeira linha* [dar tempo para que pensem e preencham a ficha]. *Agora, vejamos os custos e benefícios de aceitar essa situação, ou seja, vê-la simplesmente como outra realidade, sem tentar mudá-la* [dar tempo para pensar e preencher a ficha]. *Abaixo, vão colocar as pequenas coisas que vocês aceitam diariamente, sem se queixarem, por exemplo, que alguém de sua casa grite muito ou que o transporte público não seja como queremos. Vamos pensar no porquê de aceitarmos estas situações* [deixar tempo para pensarem e preencherem a ficha*]. Agora, de volta à situação que o preocupa, você poderia descrever o que exatamente o preocupa sobre a situação?* [dar tempo para pensar e preencher]. *Você poderia agora tentar ver essa situação que você acabou de descrever como um observador assistindo a um filme? O que você diria sobre essa situação?* [dê tempo para pensar e preencher]. *Finalmente, vou pedir-lhe para pensar sobre que conclusão pode tirar deste exercício.*

CONTINUAÇÃO DA EXPOSIÇÃO IMAGINÁRIA (15 MINUTOS)

[Essa parte da sessão continua com o exercício iniciado na semana anterior, pedindo aos participantes que imaginem as situações temidas. Novamente, a lista de estressores é revisada e a última situação realizada na sessão anterior é continuada.]

Como último exercício de hoje, retomaremos a exposição imaginária. Por favor, retire a lista de estressores e encontre a última cena com a qual você conseguiu lidar. [O tempo é dado e continua:] *Vamos começar fechando os olhos e olhando para nós mesmos. Estamos a ponto de entrar em um lugar. Quanta ansiedade sentimos, de 1 a 10? Lembrem-se desse número e vamos começar. Imaginem a última situação que enfrentaram da forma mais vívida possível... A temperatura do lugar, o cheiro, a quantidade de ruído no ambiente. Quanta ansiedade sentem? Fiquem nesse lugar, apesar de sentir ansiedade.*

[Esperar tempo suficiente para que os participantes baixem seu nível de ansiedade até que ele esteja tolerável. Para este exercício, é preciso que haja um coterapeuta passando ao lado de cada participante para ajudar aqueles que estiverem concentrados no exercício, dando instruções mais específicas e tratando da situação escrita pelo participante. Dependendo das situações estressantes, o terapeuta e o coterapeuta podem formar pequenos grupos nos quais podem ser dadas instruções mais específicas, mas de forma geral (por exemplo, eles estão cercados de pessoas enquanto você realiza uma atividade).]

Bom, agora vamos passar para a cena seguinte anotada na ficha. Leiam-na e se imaginem nessa cena da maneira mais realista e vívida possível. Lembrem-se de permanecer com o pensamento nessa cena, apesar da ansiedade, e imaginem como poderiam encará-la, sempre de uma maneira realista.

[Continuar com a mesma dinâmica até que se esgote o tempo para esta parte do programa. Vale ressaltar que, se alguma das situações temidas for interpessoal e a exposição ao vivo puder ser feita entre os participantes, esse ponto da sessão poderá ser modificado por uma exposição ao vivo. Tal como nas exposições imaginárias, primeiro é feita a preparação do porquê de fazermos o exercício e se incentiva os participantes a estarem com o "Cartão de apoio" que fizeram há duas semanas. Se a exposição for feita ao vivo, assim como na imaginária, a ideia é que sua duração seja longa o suficiente para que a pessoa se sinta ansiosa durante a realização do exercício, mas comece a se sentir menos ansiosa. Por isso, é importante ir perguntando sobre o nível de ansiedade que está sentindo durante a situação temida.]

TAREFA: APLICAR A TÉCNICA DE SOLUÇÃO DE PROBLEMAS A UM PROBLEMA DURANTE A SEMANA (5 MINUTOS)

Como exercício desta sessão, pedir para os participantes escolherem um problema que venham a ter durante a semana e apliquem os passos da técnica de resolução de problemas que foram aprendidos durante a sessão de hoje.

Também pedir para continuar com as exposições imaginárias que se iniciaram durante a sessão e tentar se expor, durante a semana, a essas situações. Neste ponto, é importante incentivar os participantes que ainda não fizeram a exposição ao vivo a terem a iniciativa de fazer. Deve incentivar os participantes a generalizar sua exposição em diversos ambientes, e com a maior quantidade de estímulos.

Muito bem, portanto, a tarefa para casa desta semana é escolher um problema que tiverem durante a semana e aplicar os passos da técnica de resolução de problemas que aprenderam hoje. Também peço a vocês que façam exposições ao vivo, pelo menos às situações que superaram na semana passada. Para aqueles que ainda não fizeram nenhuma exposição, incentivo que façam isso. Lembro a vocês que essa é a técnica mais eficaz para superar a ansiedade. Finalmente, também vou pedir que, ao menos uma vez por dia, pratiquem o exercício de exposição imaginária, assim como fizemos durante a sessão de hoje. Lembrem-se de trazer para a próxima sessão a lista de estressores. Se for necessário, escrevam uma nota na agenda ou no telefone para que se lembrem de completar a tarefa para casa. Nos vemos na próxima sessão.

SESSÃO 11
TÉCNICAS DE REGULAÇÃO DA ANSIEDADE

11

OBJETIVOS DA SESSÃO

1) Revisar a tarefa para casa da semana anterior;
2) Ensinar os participantes as técnicas de regulação de ansiedade;
3) Colocar em práticas técnicas de regulação de ansiedade;
4) Aperfeiçoar a técnica *Mindfulness* de relaxamento;
5) Avançar com a técnica de exposição ao vivo;
6) Atribuir a tarefa para casa.

DURAÇÃO

- 90 minutos

MATERIAIS

- Ficha Praticando a Aceitação;
- Pasta;
- Caneta;

- Folha para anotações. Os participantes com dificuldades de motricidade fina podem utilizar um *Ipad/Tablet* para anotar;
- Folha(s) de tarefas;
- Uma caixa de uvas-passas.

BOAS-VINDAS (5 MINUTOS)

[Começando o exercício de hoje nos colocando novamente na posição de *Mindfulness*, mas, desta vez, o facilitador começa a entregar uma uva-passa para cada um dos participantes. Pedir para que não a comam, já que ela será utilizada para o exercício inicial da sessão.]

Bom dia/boa tarde a todos/as, sejam bem-vindos. Antes de começar a sessão, lembro a vocês que as regras que estabelecemos anteriormente estão a sua disposição aqui [apontar para o lugar em que o terapeuta deixou afixadas as normas].

Como em todas as sessões, começaremos com um exercício de Mindfulness para tomarmos consciência desse momento e desse lugar. Para isso, peço que vocês se acomodem e fiquem na postura que vimos na semana passada. [Mostrar o *slide* 2 e sentar-se na postura para que os participantes imitem o terapeuta:] *Sentados em uma cadeira, com os pés tocando o chão e as mãos sobre as coxas, ou no chão, com as pernas cruzadas e as mãos nos joelhos. As costas devem estar eretas, como se houvesse um cabo entre a cabeça e o céu* [O terapeuta deve lembrar que a posição pode ser adaptada às características dos participantes]. *Para esta sessão de Mindfulness, vou entregar para vocês uma uva-passa; por favor, não a comam, pois vamos precisar dela para realizar o exercício* [dar um tempo para entregar as uvas-passas a todos]. *Como sempre, antes de começar, gostaria de pedir que digam, em uma escala de 0 a 10, quão ansiosos ou nervosos vocês se sentem neste momento. Pensem que 0 equivale a nada ansioso/nervoso e 10 a totalmente ansioso/nervoso.*

Muito bem, vamos começar. [Leia o que se segue calmamente]. *Vamos nos concentrar na respiração enquanto vamos diminuindo sua velocidade. Faremos algumas respirações mais lentas, profundas e controladas. Aos poucos vamos tomando consciência do nosso corpo, de cada parte do nosso corpo, das sensações que temos, das tensões... de tudo. Tomamos consciência do que acontece, concentramos nossa mente em uma só coisa, isso é algo que podemos fazer no nosso cotidiano, inclusive com as coisas mais simples como ao tomar banho, comer, caminhar...*

Na sessão de hoje, faremos o exercício com a uva-passa que acabamos de entregar. Lembrem-se que às vezes a mente se distrai ou se concentra em pensamentos que não deveriam estar no centro do exercício. Nesses momentos, voltem ao exercício, sem julgamentos. Simplesmente voltem a ter a consciência plena do que estão fazendo. Vamos pegar a uva-passa e observá-la. Prestem atenção em cada uma de suas dobras, sua cor, seu tamanho... Não existem uvas-passas iguais, umas são mais arredondadas ou ovaladas, outras apresentam sulcos diferentes... Nesta primeira parte, procurem conhecer a uva-passa com os olhos, com o tato. Ela é áspera ou suave? Vamos agora usar o olfato. Como descobririam o odor da uva-passa? Ele se parece ao de outros alimentos? Concentre-se em seu cheiro e lembrem de outros cheiros relacionados.

Agora vamos acrescentar o paladar, colocando a uva passa na boca. Como vocês a percebem? A textura é diferente em comparação a quando a tocaram? Tem algum sabor característico? Agora, vamos morder a uva-passa e sentir seu sabor. Como o descreveriam? Como é a textura no interior da uva-passa? Finalmente, vamos engolir a uva-passa, sentindo como ela desce pela garganta, quais sensações ela deixa. Vamos nos concentrar novamente na respiração enquanto vamos diminuindo sua velocidade. Fazemos três respirações lentas profundas e controladas, tendo plena consciência do que está acontecendo.

[Depois de finalizar a sessão, dizer:] *Bem, agora que terminamos, gostaria de pedir que me digam novamente como se sentem, utilizando a mesma escala que utilizamos previamente. Como se sentem neste momento?*

REVISÃO DA TAREFA DA SEMANA ANTERIOR (10 MINUTOS)

[Em seguida, perguntar aos participantes se gostariam de compartilhar exposições imaginárias ou ao vivo e como se sentiram quando as colocaram em prática.]

Antes de começar essa parte da sessão de hoje, gostaria de saber como foi fazer a tarefa para casa. Como devem se lembrar, pedi que fizessem a exposição ao vivo e que continuassem com a exposição imaginária. Como foi sua experiência? Alguém novo se entusiasmou a completar uma exposição ao vivo?

[É importante que o terapeuta reforce de forma positiva aqueles que tentaram, avaliando o nível de mal-estar emocional sentido e incentivando-os a continuar. Além disso, perguntar se colocaram em prática a técnica de resolução de problemas em algum momento de seu cotidiano e fazer a retroalimentação sobre o que os participantes comentarem.]

Também gostaria de saber se puderam colocar em prática a técnica de resolução de problemas em alguma situação de seu cotidiano. E o que aconteceu?

TÉCNICAS PARA REGULAR A ANSIEDADE (30 MINUTOS)

[Nesta parte, o terapeuta fará a psicoeducação sobre as técnicas de regulação da ansiedade, começando pelas emoções e funções que desempenham.]

As técnicas para regular a ansiedade se baseiam na ideia de que as emoções são parte de nós e que nos oferecem informações importantes. Entretanto, é preciso saber controlá-las. Alguns estudos apontam que existem seis emoções básicas: medo, alegria, raiva, nojo, tristeza e surpresa, as quais comprem uma função básica ligada a nossa sobrevivência. Contudo, também reconhece que existem emoções secundárias, as quais podem ser uma cronificação das primárias, exceto no caso da surpresa, que não apresenta cronificação. Também são incluídas as emoções de caráter mais social, como a culpa ou a vergonha.

Tendo isso claro, é importante que, quando sentirmos uma emoção básica, escutemos a mensagem que ela nos quer transmitir, ou seja, entendamos o que quer nos dizer ou avisar. Em seguida, vamos descrever as emoções básicas, sua função e sua emoção secundária, que constitui sua cronificação [Mostrar o *slide* 3 e lê-lo em voz alta. Deixar por último o exemplo do medo e explicá-lo da seguinte maneira:] *Como podem observar, quando sentimos medo, o corpo tenta nos proteger de estímulos que considera perigosos para nós.*

Dissemos que é importante saber o que cada emoção tenta nos transmitir, no entanto, algumas vezes é importante não agir de forma precipitada diante delas, senão, pode acontecer um bloqueio ou interferência no nosso funcionamento diário. Continuando ainda com o medo, quando este se torna exagerado, escapa de nosso controle e interfere no nosso dia a dia, se cronifica e a ansiedade aparece. Nesses casos, devemos aprender a regular sua expressão, sua manifestação, para podermos controlar as situações. Por favor, alguém poderia explicar, com suas palavras, o que acabaram de aprender a respeito das emoções?

[Esperar a explicação de algum voluntário. Se ninguém se oferecer, o terapeuta escolhe uma pessoa para explicar, com suas palavras, o que entendeu. O terapeuta deve aproveitar este momento para graduar ou corrigir aquilo que não foi entendido.]

Entender isso ajuda a nos tornarmos conscientes das emoções que apresentamos e a prestarmos atenção para comprovar se os estímulos aos quais estamos reagindo produzem uma emoção primária ou secundária. No caso das emoções secundárias, é importante pensar se fizermos o que a emoção nos motiva a fazer seria a melhor solução ou se existem consequências a longo prazo que devam ser consideradas. Por exemplo, o medo nos faz evitar estímulos como estar em frente a um leão; no entanto, o que acontece quando a ansiedade aparece quando estamos em frente a um gato? Devemos agir da mesma forma? É claro que no primeiro caso nossa emoção nos protege, mas, no segundo, o estímulo não é realmente ameaçador nem atenta contra nossa vida, por isso, o controle deveria ser diferente, assim como estamos fazendo durante o programa.

Vou dar um exemplo mais próximo para vocês. É normal que uma pessoa que sofreu um TCE sinta medo de não render no trabalho e nos estudos como antes. Contudo, é exagerado quando a pessoa evita ir ao trabalho ou estudar por medo de não render como antes e medo de que seus colegas percebam isso.

Agora, vou explicar algumas das técnicas que podemos usar para controlar a ansiedade ou as emoções em geral. Como podem ver neste slide [mostrar *slide* 4]*, as técnicas podem ser divididas em cinco grandes grupos: técnicas orientadas à situação, técnicas orientadas a modificar a situação, técnicas orientadas à atenção na situação, mudança cognitiva e técnicas de modulação da emoção.*

As técnicas orientadas à situação são as que utilizamos quando nos afastamos de certos ambientes que provocam ansiedade, por exemplo, ou qualquer outra emoção. A curto prazo são muito efetivas, mas, assim como vimos na sessão em que aprendemos as técnicas de exposição, evitar a emoção nos causa problemas a longo prazo, porque dificulta nosso funcionamento normal. Contudo, é impossível pensar na vida sem evitar as emoções, pois, para todos nós, é algo que fazemos algumas vezes; por exemplo, se estamos em uma cidade perigosa, sairíamos sozinhos no meio da noite para caminhar? Obviamente, evitaríamos a todo custo sair sozinhos à noite para caminhar.

As técnicas orientadas a modificar a situação são outra forma de diminuir a sensação de ansiedade diante de certas situações, mas, com essas técnicas, mudamos a situação para que ela deixe de representar um problema. Uma das técnicas mais eficazes nesse aspecto é a reso-

lução de problemas, a qual nos permite, seguindo passos estabelecidos, buscar soluções para o problema para podermos resolvê-lo. Entretanto, sabemos que existem situações que não podem ser mudadas. Vocês se lembram do exemplo que dei do TCE? É uma realidade que não podemos mudar. Nesse caso, é importante praticar técnicas de aceitação e de modificação da emoção. O que isso quer dizer? Bem, existem situações que não podemos mudar, mas podemos tentar vê-las de forma diferente ou fazer algo que mude a situação, por exemplo, colocando humor na situação ou com a ajuda de alguém que nos faça perceber a situação de outra forma. Por exemplo, uma pessoa pode utilizar o humor em uma situação e, ao conhecer novas pessoas, apontar que pode precisar de alguns minutos para encontrar as palavras para as coisas que deseja dizer: "vá tomar uma cerveja e depois podemos continuar com a conversa". Pedir a uma pessoa que nos deixa seguros que nos acompanhe no enfrentamento de determinada situação que nos provoque medo. Esses meios têm se mostrado úteis não apenas para enfrentar situações e melhorar nossa saúde mental, mas também têm efeitos benéficos para nosso desenvolvimento como seres humanos.

As técnicas orientadas à atenção da situação são ferramentas que nos permitem nos distrair de certos aspectos da situação ou nos relacionarmos com ela de uma maneira diferente. Uma das técnicas mais comuns é o Mindfulness, tarefa que estamos realizando sempre, desde o início do programa, lembram? Com Mindfulness, a pessoa consegue perceber o problema, mas não remói ou pensa nele o tempo todo, e sim, procura se afastar dele, no sentido de vê-lo como se fosse um espectador externo, como se não estivesse envolvido no problema. Você se lembra que eu sempre lhe disse que quando a mente vagueia ou se concentra em outros pensamentos que não o exercício, você deve retornar a ela sem julgar a si mesmo, simplesmente deixando-a ir? Com Mindfulness, combatemos um dos aspectos que, desde o ponto de vista da saúde mental, faz que os problemas continuem: ficar remoendo os problemas. Remoer os problemas faz referência a tratar e avaliar os pensamentos e sentimentos relacionados com uma situação seguidamente. Ao fazer essas avaliações, cria-se um círculo em espiral que não ajuda a buscar uma solução, mas sim a aumentar o mal-estar emocional.

O quarto tipo de técnicas são as voltadas a conseguir uma mudança cognitiva, mental. Essas técnicas têm sido o centro deste programa. Com mudança cognitiva, estamos nos referindo a conseguir fazer uma avaliação diferente da situação, na qual não partamos para a catastrofização, que apenas deixa a situação maior e mais ameaçadora. Também não se busca a subvalorização pessoal, ou seja, nos considerarmos incapazes ou indefesos. Entre as técnicas que utilizamos este programa que entrariam nesse quarto tipo, estariam as estratégias de enfrentamento e as de exposição.

Por último, estão as técnicas de modulação da emoção. Estas são utilizadas depois que a emoção aparece. O que elas tentam é mudar a maneira com a qual expressamos a emoção, no nosso caso, a ansiedade. Estas estarão no centro das nossas atenções no dia de hoje, assim como Mindfulness, do qual falaremos um pouco mais neste programa.

Acabei de transmitir para vocês muita informação e é importante me assegurar que vocês entenderam tudo para poderem, depois, utilizar as técnicas. Por favor, alguns voluntários para explicar com suas palavras as técnicas que podem ser utilizadas para controlar a ansiedade? Não precisam utilizar palavras técnicas, simplesmente expliquem o que entenderam, com suas palavras.

[Esperar a explicação de alguns voluntários. Se ninguém se oferecer, o terapeuta escolhe duas pessoas para explicarem, com suas palavras, o que entenderam. O terapeuta deve aproveitar este momento para graduar ou corrigir aquilo que não foi entendido.

MINDFULNESS E TÉCNICAS DE RELAXAMENTO (30 MINUTOS)

Como comentei, hoje vamos ver três técnicas de modulação da emoção. Estas técnicas procuram regular o sistema fisiológico envolvido na ansiedade e partem do fato de que é possível conseguir diminuir os sintomas da ansiedade mediante as técnicas de Mindfulness, o relaxamento e a respiração abdominal profunda. Contudo, essas três técnicas não são usadas no momento de crise se não forem ensaiadas previamente, e o que buscam é gerar um estado de maior relaxamento do corpo. Hoje vamos conhecer mais sobre elas.

Respiração abdominal profunda (3 minutos)

Vamos começar com a Respiração abdominal profunda. [Leia o que se segue calmamente] *peço que vocês respirem profundamente enquanto colocam uma mão em seu peito e outra no estômago* [o terapeuta imita a postura]. *Ao fazer respirações abdominais, devemos tentar encher esta área com ar* [apontar o diafragma] *e mover apenas um músculo, o diafragma* [indicar sua localização e fazer um exemplo de respiração abdominal]. *Na respiração com o peito, preenchemos esta área dos músculos intercostais* [indicar sua localização e fazer um exemplo de respiração com o peito]. *Agora é a sua vez, por favor, tentem se concentrar em mover o estômago quando respirarem. Inspirem e tentem concentrar o ar na área do diafragma, segurem o ar, expirem e façam uma pequena pausa. É possível, que no início, alguns de vocês sintam tontura ou sintam que não estão respirando bem, isso é normal.*

[Deixar 3 minutos para praticarem e, em seguida, explicar a segunda parte do exercício. Para que a respiração tenha efeito, é importante praticar o exercício por mais de quatro minutos, que é aproximadamente o tempo que leva para restaurar o equilíbrio de dióxido de hidrogênio e oxigênio que se perde quando se respira de forma acelerada. Para que as pessoas pratiquem a velocidade adequada, o terapeuta pode colocar a apresentação Exercício para a respiração.

Muito bem, vamos para a segunda parte. Agora, vamos respirar em um ritmo adequado, no qual, como fizemos no primeiro exercício, farão uma inspiração, uma pausa, uma expiração e outra pausa. Para isso, vamos tentar inspirar e expirar no ritmo da bola que vão ver no vídeo que vou colocar. Estão prontos?

[Fazer a respiração por dois minutos e, ao terminar, continuar dizendo:] *Muito bem, vamos parar agora. Como se sentiram?*

Técnicas de relaxamento (15 minutos)

[Esperar as respostas dos participantes e, em seguida, o terapeuta começa a explicar as técnicas de relaxamento.]

Agora, gostaria de explicar as técnicas de relaxamento. O relaxamento é um estado fisiológico e psicológico totalmente contrário a qualquer estado de tensão. Quando estamos relaxados, estamos calmos e em repouso; devemos estar em um período de inatividade. Para relaxar, necessitamos de um ambiente tranquilo, que nos ajude a buscar este estado. Também é essencial praticar o relaxamento, pois, como qualquer habilidade, requer aprendizagem.

[Podem ser feitas várias técnicas curtas de relaxamento, nas quais se visualizam paisagens ou lugares relaxantes. Estes exercícios podem ser feitos acompanhados de música clássica de ritmo leve (p. ex., música barroca). O terapeuta deve encorajar os participantes a observarem o lugar, sentirem o ambiente, entre outros, enquanto os motiva a se sentirem relaxados e tranquilos nesse lugar. Colocar a música e começar com o exercício, da Técnica de Relaxamento Visualização, que terá a duração de 5 minutos:

Antes de começar, é importante que cada um de vocês escolha um lugar que seja relaxante. Já sabem onde ficar? Muito bem, vamos começar. Fechem os olhos e se coloquem no lugar que escolheram, __________ [marcar os lugares escolhidos pelo participante] *Observem o lugar, sintam a atmosfera, tentem relaxar e estar tran-*

quilos nesse lugar. [Depois de 4 minutos:] *Agora, vamos voltar aos poucos para a realidade. Vamos abrindo os olhos aos poucos enquanto nos despedimos desse lugar relaxante em que estivemos. Como foi essa experiência?*

[Escutar as opiniões dos participantes e continuar com o relaxamento.]

Muito bem, agora vamos experimentar outra técnica de relaxamento. Ela consiste em tensionar diferentes partes do corpo e depois relaxá-las para sentimos o contraste entre a tensão e o relaxamento.

Para fazer esse exercício, podem fechar os olhos se quiserem. [Leia calmamente:] *Vamos começar respirando de maneira profunda e pausada, inspirando o ar pelo nariz, fazendo com que ele chegue a todas as partes do corpo, para depois deixá-lo sair pela boca. Vamos começar tensionando os pés, vemos fazer isso apertando-os contra o chão. Mantemos a tensão... e agora relaxamos enquanto expiramos o ar. Sintam o contraste entre a tensão e o relaxamento... concentrem-se na sensação de relaxamento. Vamos agora tensionar as pernas. Mantemos a tensão... e agora relaxamos enquanto expiramos o ar. Sintam o contraste entre a tensão e o relaxamento... concentrem-se na sensação de relaxamento. Continuaremos tensionando os glúteos. Mantemos a tensão... e agora relaxamos enquanto expiramos o ar. Sintam o contraste entre a tensão e o relaxamento... concentrem-se na sensação de relaxamento. Vamos agora tensionar o estômago para dentro. Mantemos a tensão... e agora relaxamos enquanto expiramos o ar. Sintam o contraste entre a tensão e o relaxamento... concentrem-se na sensação de relaxamento. Agora, tensionamos novamente o estômago, mas, desta vez, para fora. Mantemos a tensão... e agora relaxamos enquanto expiramos o ar. Sintam o contraste entre a tensão e o relaxamento... concentrem-se na sensação de relaxamento.*

Vamos passar para as costas, vamos tensionar arqueando-as para trás. Mantemos a tensão... e agora relaxamos enquanto expiramos o ar. Sintam o contraste entre a tensão e o relaxamento... concentrem-se na sensação de relaxamento. Agora voltamos a tensionar as costas, mas desta vez para frete. Mantemos a tensão... e agora relaxamos enquanto expiramos o ar. Sintam o contraste entre a tensão e o relaxamento... concentrem-se na sensação de relaxamento.

Passaremos aos braços. Agora relaxamos os braços enquanto expiramos o ar. Sintam o contraste entre a tensão e o relaxamento... concentrem-se na sensação de relaxamento. Vamos nos concentrar agora nas mãos. Tensionamos e mantemos a tensão... e agora relaxamos enquanto expiramos o ar. Sintam o contraste entre a tensão e o relaxamento... concentrem-se na sensação de relaxamento.

Continuamos tensionando o pescoço. Para isso, baixamos a cabeça para frente. Mantemos a tensão... e agora relaxamos enquanto expiramos o ar. Sintam o contraste entre a tensão e o relaxamento... concentrem-se na sensação de relaxamento. Agora, voltamos a tensionar o pescoço, mas levando a cabeça para trás. Mantemos a tensão... e agora relaxamos enquanto expiramos o ar. Sintam o contraste entre a tensão e o relaxamento... concentrem-se na sensação de relaxamento.

Vamos tensionar a mandíbula. Mantemos a tensão... e agora relaxamos enquanto expiramos o ar. Sintam o contraste entre a tensão e o relaxamento... concentrem-se na sensação de relaxamento. Finalmente, vamos agora tensionar a testa. Mantemos a tensão... e agora relaxamos enquanto expiramos o ar. Sintam o contraste entre a tensão e o relaxamento... concentrem-se na sensação de relaxamento. Vamos abrir os olhos aos poucos. Como vocês se sentem?

Mindfulness (5 minutos)

[A última sessão acaba com a explicação de *Mindfulness*.]

Por último, gostaria de explicar a técnica de Mindfulness. Mindfulness, *como viram durante o programa, trata-se de conseguir uma consciência plena dos momentos e lugares, tais como tomar banho, cozinhar, até estar apenas em algum lugar. Sua origem está nas técnicas de meditação das práticas budistas espirituais; no entanto,* Mindfulness *é uma técnica e, como tal, não se relaciona com uma religião ou uma corrente espiritual.* [Esta é uma ideia importante para ser discutida com comunidades latinas ou comunidades que tenham uma grande tradição religiosa, nas quais esta prática pode ser vista de forma negativa].

O objetivo da prática de Mindfulness é aumentar a consciência sobre nossas emoções e aceitar suas manifestações, sem tentar modificá-las. Sua prática ajuda a observar nossa experiência emocional e a identificar os sinais cognitivos e somáticos das emoções. Conhecer isso permite que tenhamos consciência do que nosso corpo está sentindo, mas também que compreendamos o ciclo emocional e não nos sobrecarreguemos com a sensação emocional.

Mindfulness se mostrou efetivo no tratamento dos transtornos de ansiedade (Ghahari et al., 2020; Saeed, Cunningham & Bloch, 2019), dor crónica (Pei et al., 2020) e depressão recorrente (Saeed, Cunningham & Bloch, 2019). Especificamente, foi descoberto que a prática de Mindfulness está associada a uma maior habilidade de tolerar emoções negativas e diminuir a resposta emocional.

TAREFA: APLICAÇÃO DAS TÉCNICAS DE REGULAÇÃO EMOCIONAL DURANTE A SEMANA (5 MINUTOS)

[Como exercício desta sessão, pedir que os participantes ensaiem todas as técnicas e façam a realização desse exercício diário um hábito.]

Como vimos, existem diferentes técnicas que podemos utilizar para relaxar. É importante salientar, e imagino que vocês mesmos tenham percebido, que haverá algumas técnicas que vocês gostam mais do que de outras ou que funcionam melhor com vocês em comparação com outras. Por isso, é importante conhecer e experimentar todas elas para saber qual ou quais funcionam melhor para cada pessoa. Como vocês podem imaginar, a lição de casa desta semana consistirá em ensaiar todas as técnicas e realizar pelo menos um exercício diário para que isso se torne um hábito. Para isso, lembrem-se das técnicas de relaxamento feitas na sessão de hoje e fornecerei um folheto para respiração abdominal profunda [Dar folheto sobre respiração abdominal profunda]. *Se for necessário, escrevam uma nota na agenda ou no telefone para que se lembrem de completar a tarefa para casa.* Nos vemos na próxima sessão.

SESSÃO 12
FINALIZAÇÃO DO PROGRAMA

12

OBJETIVOS DA SESSÃO

1) Revisar a tarefa para casa da semana anterior;
2) Sintetizar o que foi aprendido nesse programa;
3) Orientar para as metas;
4) Oferecer ferramentas para prevenir recaídas;
5) Aperfeiçoar a técnica *Mindfulness* de relaxamento.

DURAÇÃO

- 90 minutos

MATERIAIS

- Pasta;
- Caneta;
- Folha para anotações. Os participantes com dificuldades de motricidade fina podem utilizar um *Ipad/Tablet* para anotar;

- Folha(s) de tarefas;
- Fichas de metas.

BOAS-VINDAS (5 MINUTOS)

[Durante esta sessão será realizado um exercício diferente, chamado *Rain Mindfulness*. No exercício, pedir aos participantes que fiquem em círculo, tentando se concentrar nos sons e no ritmo do exercício. O terapeuta começa batendo palmas, o que se espera que seja seguido pela pessoa ao lado dele e depois pela próxima, e assim por diante. Quando todos estiverem batendo palmas, mudar a forma de produzir o som, por exemplo, batendo as palmas das mãos contra as coxas. A ideia é que você alterne entre várias formas de produzir o som, seja com a boca, mãos ou pernas. Ao fazer isso, espera-se que os participantes estejam conectados para não alterar a ordem do exercício, não se pretende que seja feito rapidamente, apenas que as pessoas tenham que estar conectadas com o exercício, e os contrastes sonoros possam ser ouvidos.]

Bom dia/boa tarde a todos/as, sejam bem-vindos. Antes de começar a sessão, lembro vocês que as regras que estabelecemos anteriormente estão a sua disposição aqui [apontar para o lugar em que o terapeuta deixou afixadas as normas].

Como em todas as sessões, começaremos com um exercício de Mindfulness para tomarmos consciência desse momento e desse lugar. Desta vez, por favor, vamos nos sentar em círculo. Prestem atenção nos sons e no ritmo. Vocês devem repetir o som que vou fazer, assim como a sequência e o ritmo. Eu começo, em seguida será a pessoa da minha esquerda, depois a que estiver a sua esquerda, assim sucessivamente. Preparados? Vamos começar.

[Depois de finalizar a atividade, dizer:] *Até aqui, como vocês se sentem neste momento?*

REVISÃO DA TAREFA DA SEMANA ANTERIOR (5 MINUTOS)

[Em seguida, perguntar aos participantes como foi a prática das diferentes técnicas para regular a ansiedade, reforçando positivamente o que disserem.]

Antes de começar a sessão de hoje, gostaria de saber como foi fazer a tarefa para casa. Como vocês se lembram, pedi que praticassem as diferentes técnicas para regular a ansiedade, vistas na sessão passada. Como foi?

RECAPITULAÇÃO DAQUILO QUE FOI APRENDIDO E ORIENTAÇÃO PARA AS METAS (45 MINUTOS)

[O enfoque desta parte da sessão está em orientar os participantes a se voltarem a uma meta que já tenham e que gostariam de alcançar. Depois, haverá uma recapitulação dos conteúdos que foram vistos durante o programa.

Nesta sessão, vou pedir que pensem em uma meta que gostariam de alcançar. Para isso, vou distribuir esta ficha. [Distribuir a "Ficha de metas"]. *Lembrem-se que devem definir sua meta da maneira mais específica possível. Pensem nas condutas ou nos comportamentos concretos que vocês podem alcançar. Por exemplo, "encontrar um trabalho" é uma meta muito geral. Além disso, não depende unicamente de nós, mas também que haja uma vaga disponível. Portanto, mesmo que sua meta seja encontrar um trabalho, vocês deverão focar a atenção em si mesmos. Naquilo que vocês podem fazer para atingir a meta. Neste caso, a meta poderia ser procurar um trabalho de forma ativa e persistente.*

[Determinar um tempo para que os participantes pensem em uma meta que queiram atingir. O terapeuta e o coterapeuta caminharão ao lado dos participantes e oferecerão ajuda, sobretudo para estabelecerem a meta. Depois, continuar:]

Muito bem, vocês já têm a meta pensada e escrita. Agora, vocês vão responder a segunda e a terceira perguntas. O que podem fazer para alcançar essa meta, ou seja, quais atitudes concretas são necessárias para alcançar a meta e estabelecer um plano de ação. Com cada passo ou atitude definidos, vocês devem pensar quando entrar em ação e o que farão se conseguirem atingir seus objetivos. Por favor, pensem no que poderá acontecer nos momentos em que sentirem ansiedade. Pode ser que em algum momento do plano de ação vocês percebam que poderá acontecer uma situação que geraria ansiedade. Por exemplo, ao procurar trabalho, uma das etapas a cumprir será participar de uma entrevista de emprego. Isso pode ser muito estressante. Então, vocês devem pensar nas ações que devem tomar para superar essa etapa. Para isso, pense nas ferramentas que adquiriram neste programa. Tanto eu como _____________ [dizer o nome do coterapeuta] *passaremos agora ajudando cada um de vocês.*

[Determinar um tempo para que os participantes possam completar a tarefa. O terapeuta e o coterapeuta caminharão ao lado dos participantes e oferecerão ajuda. Quando os participantes completarem a ficha, dizer:]

Muito bem, quando o programa terminar, esta ficha ajudará vocês a colocarem em ação os passos, as etapas que escreveram para atingirem sua meta. Agora, gostaria que vocês me ajudassem a fazer um resumo daquilo que aprenderam durante este programa. Ao escrever a ficha, imagino que tenham pensado nas coisas que viram neste programa para poderem alcançar suas metas. Escreverei na lousa o vocês me disserem que aprenderam com neste programa Vocês poderão anotar na "Ficha de aprendizagens" o que eu for escrevendo, quais coisas aprenderam, o que acreditam que irá ajudá-los quando se sentirem ansiosos novamente [distribuir as fichas]. *Vamos começar.*

[O terapeuta anotará na lousa o que os participantes aprenderam à medida que forem relatando. A ideia é que, entre todos, seja possível fazer uma síntese do que foi visto durante as sessões. Ao finalizar, o terapeuta poderá mostrar os *slides* 2 a 18, nos quais se enumera, sessão por sessão, os pontos mais importantes.]

PREENCHIMENTO DE QUESTIONÁRIOS (35 MINUTOS)

Antes de nos despedirmos, gostaria de pedir duas coisas a vocês. Primeiro, dizer que é muito importante sabermos sua opinião a respeito do programa. Para isso, gostaria que, por favor, pudessem preencher este questionário de satisfação. [Distribuir o "Questionário de satisfação" e definir um tempo para seu preenchimento.]

E, por último, gostaria de lembrar que, no início deste programa, informei a vocês que estamos interessados em demonstrar que este programa traz benefícios às pessoas que participam dele. Para demonstrar isso, na primeira sessão, pedi que vocês respondessem alguns questionários. Vocês se lembram? Agora eu gostaria que, por favor, vocês respondessem os questionários novamente. Isto servirá para comparar suas respostas e ver se houve alguma mudança na sua experiência e no controle da ansiedade depois que passaram pelo programa.

Não existem respostas certas ou erradas, os questionários apenas procuram recolher informações sobre suas experiências, pensamentos e emoções. Vocês têm alguma dúvida? No restante do tempo da sessão, iremos preencher os questionários. Por favor, peço que os preencham por completo, de maneira individual. Caso tenham alguma dúvida, por favor, perguntem.

[Distribuir os questionários e, quando acabarem de preenchê-los, agradecer os participantes e dar como finalizada a sessão e o programa.]

REFERÊNCIAS

American Psychiatric Association (2013). *Diagnostic and Statistical Manual of Mental Disorders, 5th Edn.* Arlington, VA: American Psychiatric Publishing.

Backhaus, S. L., Ibarra, S. L., Klyce, D., Trexler, L. E., & Malec, J. F. (2010). Brain injury coping skills group: a preventative intervention for patients with brain injury and their caregivers. *Archives of Physical Medicine and Rehabilitation, 91*(6), 840-848.

Beck, A. T. (1976). *Cognitive Therapy and the Emotional Disorders.* New York: International Universities Press.

Beck, A.T., Rush A.J., Shaw, B.F., & Emery, G. (2002). *Terapia Cognitiva de la Depresión.* (15. ed). Bilbao: Desclée de Brouwer.

Beck, J.S. (2007). Terapia Cognitiva para la Superación de Retos. Barcelona: Gedisa

Beck, J.S. (2011). Cognitive Behavior Therapy. Basics and beyond. (2. ed.). New York: The Guilford Press.

Bédard, M., Felteau, M., Marshall, S., Cullen, N., Gibbons, C., Dubois, S., Maxwell, H., Mazmanian, D., Weaver, B., Rees, L., Gainer, R., Klein, R., & Moustgaard, A. (2014). Mindfulness-based cognitive therapy reduces symptoms of depression in people with a traumatic brain injury: results from a randomized controlled trial. The *Journal of Head Trauma Rehabilitation, 29*(4), E13-E22.

Bernal-Pacheco, O., Vega-Rincón, M., & Hernández-Preciado, J.F. (2009). Consecuencias neuropsiquiátricas del trauma craneoencefálico. *Revista Med, 17*(1), 65-74.

Blais, M. C., & Boisvert, J. M. (2005). Psychological and marital adjustment in couples following a traumatic brain injury (TBI): a critical review. *Brain Injury, 19*(14), 1223-1235.

Block, C. K., & West, S. E. (2013). Psychotherapeutic treatment of survivors of traumatic brain injury: review of the literature and special considerations. *Brain Injury, 27*(7-8), 775-788.

Cavallo, M. M., & Kay, T. (2005). The family system. In J. M. Silver, T. W. McAllister, & S. C. Yudofsky (Eds.), *Textbook of Traumatic Brain Injury* (pp. 533-558). American Psychiatric Publishing, Inc.

Centers for Disease Control and Prevention, (2003). *Report to Congress on mild traumatic brain injury in the United States: Steps to prevent a serious public health problem.* Atlanta (GA): Centers for Disease Control and Prevention.

Chand, S. P., & Marwaha, R. (2022). *Anxiety.* StatPearls Publishing.

Clark, D.A. & Beck, A.T. (2010). *Cognitive Therapy of Anxiety Disorders. Science and practice.* New York: the Guilford Press.

De Silva, M. J., Roberts, I., Perel, P., Edwards, P., Kenward, M. G., Fernandes, J., Shakur, H., Patel, V., & Crash Trial Collaborators (2009). Patient outcome after traumatic brain injury in high-, middle- and low-income countries: analysis of data on 8927 patients in 46 countries. *International Journal of Epidemiology, 38*(2), 452-458.

Dikmen, S. S., Machamer, J. E., Powell, J. M., & Temkin, N. R. (2003). Outcome 3 to 5 years after moderate to severe traumatic brain injury. *Archives of Physical Medicine and Rehabilitation, 84*(10), 1449-1457.

Dikmen, S. S., Machamer, J. E., Winn, H. R., & Temkin, N. R. (1995). Neuropsychological outcome at 1-year post head injury. *Neuropsychology, 9*(1), 80-90.

Gallagher, M., McLeod, H. J., & McMillan, T. M. (2019). A systematic review of recommended modifications of CBT for people with cognitive impairments following brain injury. *Neuropsychological Rehabilitation*, *29*(1), 1-21.

Ghahari, S., Mohammadi-Hasel, K., Malakouti, S. K., & Roshanpajouh, M. (2020). Mindfulness-based cognitive therapy for generalised anxiety disorder: A systematic review and meta-analysis. *East Asian Archives of Psychiatry, 30*(2), 52.

Hyder, A. A., Wunderlich, C. A., Puvanachandra, P., Gururaj, G., & Kobusingye, O. C. (2007). The impact of traumatic brain injuries: a global perspective. *NeuroRehabilitation, 22*(5), 341-353.

Iverson G. L. (2005). Outcome from mild traumatic brain injury. *Current Opinion in Psychiatry, 18*(3), 301-317.

Iverson, G. L., & Lange, R. T. (2011). Mild traumatic brain injury. In M. R. Schoenberg & J. G. Scott (Eds.), *The little black book of neuropsychology*: A syndrome-based approach. (pp. 697-719). Springer Science + Business Media.

King, N. S., & Kirwilliam, S. (2011). Permanent post-concussion symptoms after mild head injury. *Brain Injury, 25*(5), 462-470

Koponen, S., Taiminen, T., Portin, R., Himanen, L., Isoniemi, H., Heinonen, H., ... & Tenovuo, O. (2002). Axis I and II psychiatric disorders after traumatic brain injury: a 30-year follow-up study. *American Journal of Psychiatry, 159*(8), 1315-1321.

Kreutzer, J. S., Marwitz, J. H., Godwin, E. E., & Arango--Lasprilla, J. C. (2010). Practical approaches to effective family intervention after brain injury. *The Journal of Head Trauma Rehabilitation, 25*(2), 113-120.

Landau, J., & Hisset, J. (2008). Mild Traumatic Brain Injury: Impact on Identity and Ambiguous Loss in the Family. *Families, Systems, & Health, 26*(1), 69-85.

Kim, E., Lauterbach, E. C., Reeve, A., Arciniegas, D. B., Coburn, K. L., Mendez, M. F., ... & Coffey, E. C. (2007). Neuropsychiatric complications of traumatic brain injury: a critical review of the literature (a report by the ANPA Committee on Research). *The Journal of neuropsychiatry and clinical neurosciences, 19*(2), 106-127.

Lezak, M. D., Howieson, D. B., & Loring, D. W. (2004). *Neuropsychological Assessment.* (4. ed.). New York: Oxford University Press.

Little, A., Byrne, C., & Coetzer, R. (2021). The effectiveness of cognitive behaviour therapy for reducing anxiety symptoms following traumatic brain injury: A meta-analysis and systematic review. *NeuroRehabilitation, 48*(1), 67-82.

Warden, D. L., Gordon, B., McAllister, T. W., Silver, J. M., Barth, J. T., Bruns, J., Drake, A., Gentry, T., Jagoda, A., Katz, D. I., Kraus, J., Labbate, L. A., Ryan, L. M., Sparling, M. B., Walters, B., Whyte, J., Zapata, A., & Zitnay, G. (2006). Guidelines for the pharmacologic treatment of neurobehavioral sequelae of traumatic brain injury. *Journal of Neurotrauma, 23*(10), 1468-1501.

Osborn, A. J., Mathias, J. L., & Fairweather-Schmidt, A. K. (2016). Prevalence of anxiety following adult traumatic brain injury: A meta-analysis comparing measures, samples and postinjury intervals. *Neuropsychology, 30*(2), 247-261.

Pei, J. H., Ma, T., Nan, R. L., Chen, H. X., Zhang, Y. B., Gou, L., & Dou, X. M. (2020). Mindfulness-Based Cognitive Therapy for Treating Chronic Pain A Systematic Review and Meta-analysis. *Psychology, Health & Medicine*, 1-14.

Pérez, A.F., & Agudelo, V.H. (2007). Trastornos neuropsiquiátricos por trauma craneoencefálico. *Revista Colombiana de Psiquiatría, 36*(Suppl. 1), 40-51.

Perna, R. B., Bordini, E. J., & Newman, S. A. (2001). Pharmacological treatment considerations in brain injury. *Journal of Cognitive Rehabilitation, 19*(1), 4-7.

Powell, B. J., McMillen, J. C., Proctor, E. K., Carpenter, C. R., Griffey, R. T., Bunger, A. C., Glass, J. E., & York, J. L. (2012). A compilation of strategies for implementing clinical innovations in health and mental health. *Medical Care Research and Review: MCRR, 69*(2), 123-157.

Rao, V., & Lyketson, C. G. (2002). Psychiatric aspects of traumatic brain injury. *Psychiatric Clinics of North America, 25*(Psychiatry in the Medically Ill), 43-69.

Riggio S. (2010). Traumatic brain injury and its neurobehavioral sequelae. *The Psychiatric Clinics of North America, 33*(4), 807-819.

Saeed, S. A., Cunningham, K., & Bloch, R. M. (2019). Depression and anxiety disorders: Benefits of exercise, yoga, and meditation. *American Family Physician, 99*(10), 620-627.

Scholten, A. C., Haagsma, J. A., Cnossen, M. C., Olff, M., Van Beeck, E. F., & Polinder, S. (2016). Prevalence of and risk factors for anxiety and depressive disorders after traumatic brain injury: a systematic review. *Journal of Neurotrauma, 33*(22), 1969-1994.

Stéfan, A., & Mathé, J. F. (2016). What are the disruptive symptoms of behavioral disorders after traumatic brain injury? A systematic review leading to recommendations for good practices. *Annals of Physical and Rehabilitation Medicine, 59*(1), 5-17.

Waldron, B., Casserly, L. M., & O'Sullivan, C. (2013). Cognitive behavioural therapy for depression and anxiety in adults with acquired brain injury: what works for whom?. *Neuropsychological Rehabilitation, 23*(1), 64-101.

Parte 2

MATERIAIS COMPLEMENTARES PARA A REALIZAÇÃO DO PROGRAMA

SLIDE 2 – OBJETIVOS DA INTERVENÇÃO

- Técnicas para controlar a ansiedade:
  - Compreender por que, depois de um traumatismo cranioencefálico, é comum sentir ansiedade
  - Definir ansiedade, compreender seus elementos básicos e qual é o papel das crenças na sua manutenção.
  - Aprender estratégias de enfrentamento da ansiedade
  - Conhecer como prevenir recaídas no futuro, quando o programa tiver terminado

SLIDE 3 – CARACTERÍSTICAS DO PROGRAMA

DURAÇÃO	• 12 sessões • 2 meses aproximadamente
SESSÕES	• 2 por semana • 90 minutos por sessão
CARACTERÍSTICAS	• Dinâmico • Prático

SLIDE 4

Sessão	Tema principal
1	Psicoeducação sobre o traumatismo cranioencefálico
2	Ansiedade: o que é, preocupações, Modelo cognitivo. Tarefa: ver situações S-P-E
3	Equação da ansiedade, Crenças associadas a situações: descatastrofização.
4	Fatores de proteção: estratégias de enfrentamento e apoio social
5	Exposição: lista de estressores, exposição imaginária, exposição ao vivo.
6	Resolução de Problemas
7	Técnicas de regulação emocional: tolerância ao estresse, relaxamento
8	Prevenção de recaídas
Nota. Controle transversal da respiração e exercício semanal de *Mindfulness*	

SLIDE 5

	Pautas
1	Pontualidade. Comparecerei pontualmente a todas as sessões.
2	Frequência. Comparecerei a todas as sessões. Se, por alguma circunstância, tiver que me ausentar, avisarei imediatamente ao terapeuta.
3	Confidencialidade. Tudo o que for falado durante as sessões é privado, portanto, não compartilharei com ninguém de fora deste programa. A exceção dessa regra acontece se eu mencionar que farei dano a mim mesmo ou a outra pessoa. Neste caso, o terapeuta indicará um profissional para me ajudar.
4	Respeito e escuta ativa. Quando um/a companheiro/a estiver falando, não vou interromper e prestarei atenção ao que estiver dizendo. É imprescindível que fale uma pessoa de cada vez e que não existam conversas paralelas

	Pautas
5	Permitir que os outros falem. Como todos vamos participar ativamente no programa, é importante que todos tenham a oportunidade de compartilhar suas experiências e suas ideias.
6	Falar por mim mesmo. Quando tomar a palavra, sempre falarei sobre mim, sobre minhas experiências, meus pensamentos e meus sentimentos. Evitarei apontar o que os outros podem estar pensando ou sentindo.
7	Realizar as tarefas. É importante praticar as habilidades ou estratégias aprendidas nas sessões, para que elas sejam efetivas. Além disso, realizarei as tarefas que forem indicadas para serem feitas em casa.
8	Expressar inquietações. Não ficarei com nenhuma dúvida. Perguntarei ao terapeuta durante as sessões ou, caso seja uma pergunta pessoal [comprometida], perguntarei em privado quando a sessão terminar.
9	Caixa de correio das dúvidas. No caso de ter alguma dúvida que queira resolver durante a sessão, mas sem me identificar, poderei usar a caixa de correio das dúvidas. Colocarei nelas as perguntas de forma anônima. Se houver poucas dúvidas, saberei que meu anonimato estará garantido, pois na caixa haverá perguntas criadas pelo terapeuta.

QUESTIONÁRIO DE PREOCUPAÇÕES DEPOIS DE UM TCE

Nome do paciente:

Data da avaliação:

Tipo de trauma:

Tempo decorrido depois do acidente:

Depois de um traumatismo Cranioencefálico, é comum que as pessoas fiquem com uma quantidade de dificuldades, o que costuma gerar uma série de incertezas e preocupações quanto ao próprio futuro. Em seguida, apresentaremos uma lista de preocupações que as pessoas costumam ter depois de sofrer um TCE. Por favor, leia cada enunciado e marque com um X com que frequência você sente, ou não, essa preocupação. Se não estiver seguro/a do que responder, escolha a resposta que lhe pareça mais adequada:

Depois do dano cerebral, quanto você fica preocupado/a com as seguintes situações?

(Físicas)	Nada	Pouco	O normal	Muito
Não me preocupa minha saúde piorar				
Me preocupa que a dor me impeça de fazer o que preciso				
Me preocupam as mudanças no aspecto físico				
Me preocupa cair e me machucar				
Me preocupa não poder me movimentar de um lugar para o outro				

(Físicas)	Nada	Pouco	O normal	Muito
limitações físicas				
Me preocupa não ter a mesma independência que tinha antes				
Me preocupa não poder me virar sozinho/a				
Me preocupa não conseguir conciliar o sono				

(Emocionais)	Nada	Pouco	O normal	Muito
Me preocupa não poder controlar os nervos				
Me preocupa me sentir triste e sem ânimo				
Me preocupa não poder controlar minhas emoções				
Me preocupa me sentir constrangido em situações em que estejam muitas pessoas				
Me preocupa me sentir incompreendido				
Me preocupa ser agressivo com os outros				
Me preocupa me sentir irritado				
Me preocupa me sentir intranquilo				
Me preocupa não poder alcançar minhas metas				

(Cognitivas)	Nada	Pouco	O normal	Muito
Me preocupa que minha dificuldade concentração me impeça de fazer o que preciso				
Me preocupa não poder resolver problemas da mesma maneira que fazia antes				
Me preocupa não poder realizar tarefas/atividades com a mesma velocidade de antes				
Me preocupa a dificuldade para me lembrar de certas coisas				
Me preocupa cometer erros em tarefas/atividades				
Me preocupa não tomar decisões acertadas				

(Sociais)	Nada	Pouco	O normal	Muito
Me preocupa não ter dinheiro suficiente para pagar meus gastos médicos				
Me preocupa não ter os recursos necessários para me recuperar satisfatoriamente				
Me preocupa não poder participar de atividades sociais por causa da minha deficiência				
Me preocupa que as mudanças causadas pelo trauma de crânio afetem minhas relações com familiares/amigos				

(Sociais)	Nada	Pouco	O normal	Muito
Me preocupa perder o trabalho ou não poder voltar a trabalhar				
Me preocupa não ter apoio para lidar com situações difíceis				
Me preocupa fracassar nas relações sentimentais				
Me preocupa o impacto que o TCE teve/terá na minha intimidade e nas relações sexuais				
Me preocupa ser uma carga para minha família				
Me preocupa que outras pessoas me critiquem				
Me preocupa não poder retomar minhas atividades escolares e/ou de trabalho				
Me preocupa não voltar a dirigir				

Escreva aqui outras preocupações que você tenha:

1. ____________________

2. ____________________

3. ____________________

4. ____________________

5. ____________________

6. ____________________

7.

8.

9.

10.

11.

12.

13.

14.

SLIDE 2 – TRAUMATISMO CRANIOENCEFÁLICO ABERTO

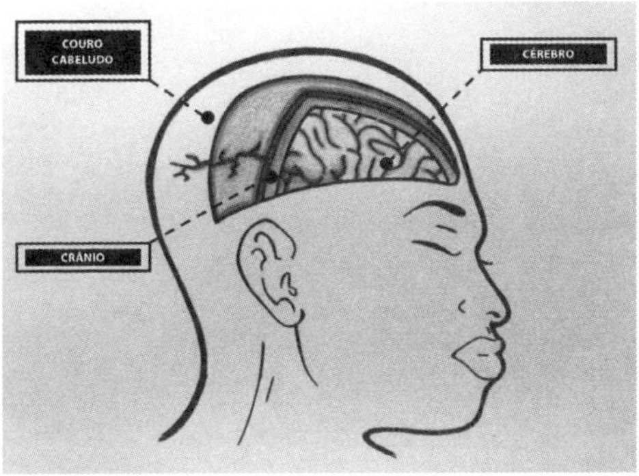

SLIDE 3 – TRAUMATISMO CRANIOENCEFÁLICO FECHADO

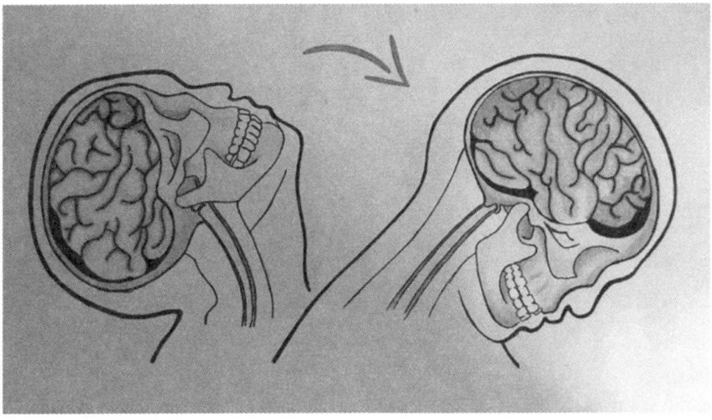

⇨

Direção do impacto

SLIDE 4 – SEQUELAS

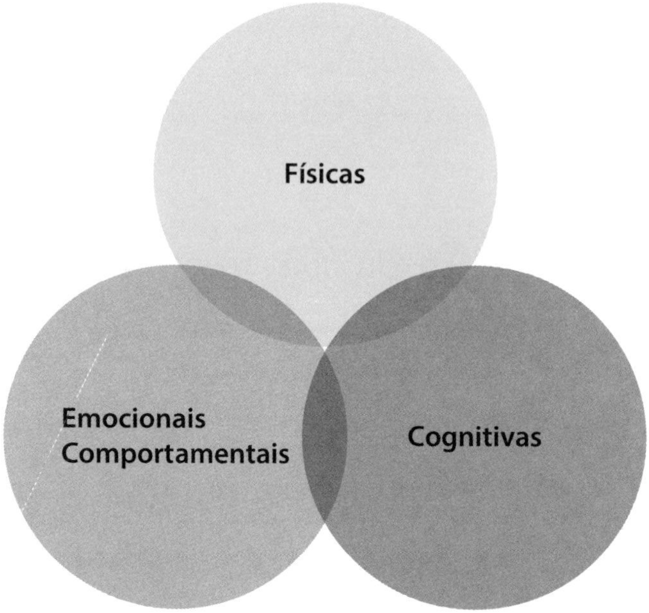

SLIDE 5 – POSTURAS

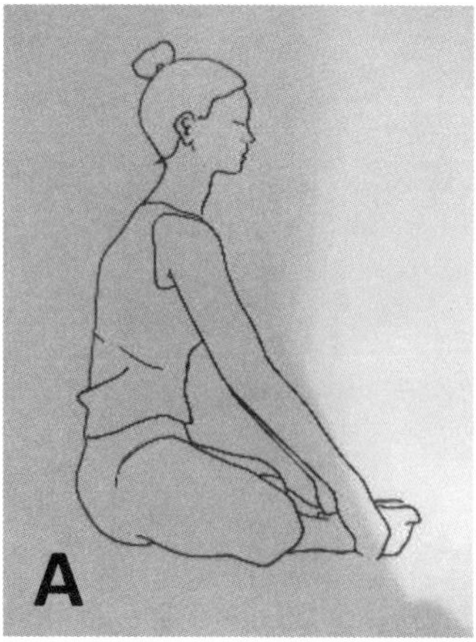

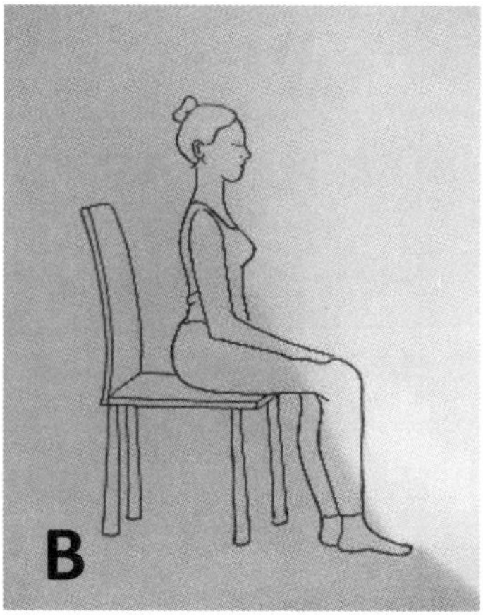

FOLHA DE TRABALHO 1

A seguir, você encontrará uma série de sequelas que os pacientes com traumatismo cranioencefálico costumam apresentar. Por favor, indique as sequelas que você apresenta atualmente

Sequelas físicas	
• Problemas sensoriais (p.e., problemas de audição, visão, olfativo, tátil, paladar)	• Dor
• Dor de cabeça	• Paralisia (não poder mover uma parte do corpo ou todo o corpo)
• Fadiga (cansaço extremo)	• Problemas de equilíbrio
• Convulsões	• Problemas motores (p.e., dificuldade para se mover, pegar objetos...)
• Enjoo	• Problemas de para dormir
• Problemas sexuais	• Incontinência
• Outro(s):	

Sequelas emocionais/comportamentais	
• Depressão	• Estresse pós-traumático
• Ansiedade	• Mudanças bruscas no estado de ânimo
• Raiva	• Baixa autoestima
• Irritabilidade	• Apatia
• Agressividade	• Mudança de personalidade
• Consumo compulsivo de álcool	• Desinibição
• Uso excessivo de palavras ao falar (verborragia)	• Consumo compulsivo de drogas e medicamentos
• Outro(s):	

Sequelas cognitivas	
• Atenção e concentração	• Planejamento, organização
• Aprendizagem	• Linguagem
• Memória	• Velocidade de processamento
• Reconhecimento	• Percepção
• Desorientação	• Práxis [praxias]
• Autoconsciência	• Inteligência
• Outro(s):	

FOLHA DE TRABALHO 2

Em grupos, discutam sobre como as sequelas físicas, cognitivas, emocionais e comportamentais impactaram cada uma das seguintes esferas de suas vidas. Por favor, anotem o que for falado em cada linha para depois compartilhar com o resto dos companheiros/as.

Vida familiar:

1. ______________________________

____

2. ______________________________

____

3. ______________________________

____

4. ______________________________

____

5. ______________________________

____

Vida social:

1. ____

____

2. ____

____

3. ____

____

4. ____

____

5. ____

____

Vida laboral:

1. ____

____

2. ____

____

3. ____

____

4. ____

____

5. ____

____

Vida pessoal:

1. ____

____

2. ____

____

3. ____

____

4. ____

____

5. ____

____

ANEXO

Exemplos de consequências ou de impactos que as sequelas físicas, cognitivas, emocionais e comportamentais podem ter em cada uma das seguintes áreas da vida.

Vida familiar:

1. As sequelas reduziram a autonomia do paciente, o que requer ajuda e supervisão de seus familiares
2. Dificuldade para acompanhar as conversas familiares quando se fala com mais de uma pessoa por vez
3. Discussões frequentes entre os membros da família, incluindo o/a paciente, por causa da inatividade do paciente (*p. ex.*, não quer sair, não quer tomar banho etc.)
4. Brigas com outros membros da família pelo excesso de proteção
5. Assumir o trabalho doméstico ou o cuidado das crianças por ter mais tempo para isso
6. Discussões porque o paciente sente que seus familiares não entendem as mudanças que aconteceram depois do traumatismo cranioencefálico.
7. Problemas matrimoniais por causa das mudanças na vida sexual/íntima como consequência do traumatismo cranioencefálico.
8. Sentir-se como uma carga para os familiares, especialmente se algum familiar teve que abandonar seu emprego ou fazer mudanças em seu dia a dia par cuidar do paciente.

Vida social

1. Os problemas para se lembrar de rostos e nomes fazem que o paciente se exclua dos demais.
2. Raiva porque pessoas desconhecidas falam como se fosse uma criança.
3. Que os amigos não entendam por que o paciente está deprimido ou ansioso se fisicamente ele está bem.
4. Percepção de que o resto do mundo o discrimina por sua condição.
5. Que as pessoas fiquem olhando para alguma sequela física (p. ex., feridas, cicatrizes).
6. Evitar atividades sociais por se sentir sobrecarregado e superestimulado com a quantidade de pessoas, ou pelo ambiente barulhento. (Verificar o original que está errado)
7. Não poder participar de atividades sociais por causa de problemas físicos.

Vida laboral

1. Os problemas de memória afetam o trabalho, requer mais tempo e supervisão para fazer as tarefas.
2. Perda de emprego por não conseguir fazer o trabalho.
3. Redução da jornada devido à fadiga.
4. Mudanças de estratégias para poder seguir com o emprego (p. ex., Anotar tudo na agenda.
5. O resto dos colegas o excluem ou não deixam que o paciente participe de determinadas tarefas porque "necessita de ajuda".
6. Problemas com supervisores por causa do aumento de erros nas tarefas relacionadas ao trabalho.

7. Discussões frequentes devido às mudanças emocionais ou de personalidade (p. ex., dificuldade para escutar retroalimentação, apatia, menos tolerância à frustração.

Vida pessoal

1. Dificuldade em aceitar que você não poderá ser como era antes do traumatismo cranioencefálico ou que sua vida possa ser a mesma de antes do traumatismo cranioencefálico.
2. Preocupações sobre o que o futuro reserva
3. Esforçar-se para tentar recuperar sua autonomia
4. Tentar voltar às atividades e rotinas que achava prazerosas
5. Encontrar outras maneiras de se sentir útil e se desenvolver
6. Baixa autoestima devido a alterações físicas/cognitivas

TAREFA PARA CASA: LISTA DE PREOCUPAÇÕES

A seguir, você encontrará uma lista de preocupações. Sua tarefa consiste em decidir se determinada preocupação poderia ser excessiva ou não. Justifique sua resposta.

1. Uma das coisas mais comuns pelas quais as pessoas sabem que eu tive um trauma de crâneo é a cicatriz que tenho na minha cabeça. Certa vez tive uma entrevista de emprego e, embora tudo estivesse indo muito bem, notei que o entrevistador me encarava e pensei: "Acho que ele está prestando atenção na minha cicatriz em vez do que estou dizendo a ele. Eu não vou conseguir esse emprego, é melhor eu ir embora."

   a. Preocupação excessiva? Sim_____ Não_____

   b. Por quê?

2. Tive um acidente de carro que me causou um trauma no crânio Depois disso, tenho muito medo de carros. O meu filho, menor de idade, pediu para que eu o levasse de carro ao centro da cidade, pois tem um encontro com os amigos e não há meios de transporte. Meu/minha esposo/a não está aqui e eu sou o único adulto que pode dirigir. O pensamento que tenho é: "Estou com medo de voltar a dirigir o carro, tenho certeza que vou ter um acidente novamente."

   a. Preocupação excessiva? Sim_____ Não_____

   b. Por quê?

3. Depois do trauma de crâneo, tenho dificuldade para me comunicar e para me fazer entender como antes.

Estou em um bar, bebendo com um grupo de amigos. Um dos meus amigos percebe que um conhecido seu entrou no local, então ele o convida para se juntar ao grupo. Começamos a conversar e depois de um tempo percebo que essa pessoa sorri toda vez que falo. Aí eu penso: "Tenho certeza que está rindo do meu jeito de falar".

a. Preocupação excessiva? Sim_____ Não_____

b. Por quê?

4. Desde que tive o trauma no crânio, me esqueço de algumas coisas. Por exemplo, na semana passada tive que buscar meu filho na escola, como sempre fazia, porém, ao chegar em casa, percebi que havia esquecido de buscá-lo. Naquele momento eu pensei "como eu tive um ferimento na cabeça e esqueço as coisas com mais frequência, meus filhos vão pensar que eu não os amo mais"

   a. Preocupação excessiva? Sim_____ Não_____

   b. Por quê?

5. Desde que tive o trauma no crânio, sempre penso que alguma coisa ruim vai voltar a acontecer.

   a. Preocupação excessiva? Sim_____ Não_____

   b. Por quê?

6. Desde que tive o trauma no crânio, não pude voltar a trabalhar, por isso minha renda diminuiu consideravelmente. É muito possível que dependa economicamente da minha família para sempre

   a. Preocupação excessiva? Sim_____ Não_____

   b. Por quê?

7. Antes do trauma no crânio, eu costumava me encontrar e falar frequentemente com meus amigos. Ultimamente falo com eles a cada 2-3 semanas, é possível que tenham deixado de gostar de mim, é melhor não os chamar mais para não atrapalhar.

   a. Preocupação excessiva? Sim_____ Não_____

   b. Por quê?

8. Por um erro, chamei meu amigo por outro nome. É muito provável que nunca mais vá ser capaz de lembrar das pessoas que amo.

   a. Preocupação excessiva? Sim_____ Não_____

   b. Por quê?

9. Depois do acidente e de ter recebido sessões de reabilitação, decidiu voltar a estudar. Ele tem frequentado as aulas durante todo o semestre, e os professores fizeram mudanças na forma como ensinam nas aulas para ajudá-lo (por exemplo, dar mais tempo para entregar as tarefas, estregar antes para ele os *slides*). Ele fez um grande esforço ao longo do semestre, entregou todo o trabalho e os terapeutas colaboraram com ele na preparação das aulas e no estudo. No final do semestre, as provas se aproximam e ele pensa: "Tenho certeza de que vou reprovar na prova amanhã. Não tive tempo suficiente para estudar o conteúdo."

   a. Preocupação excessiva? Sim_____ Não_____

   b. Por quê?

SLIDE 2 – POSTURAS

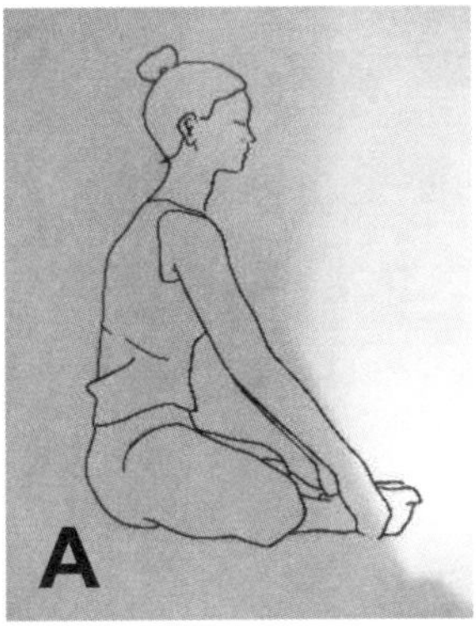

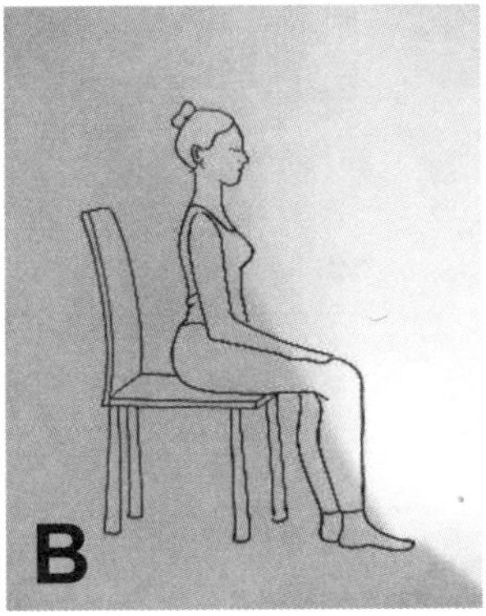

SLIDE 3 – CURVA NORMAL DE ANSIEDADE

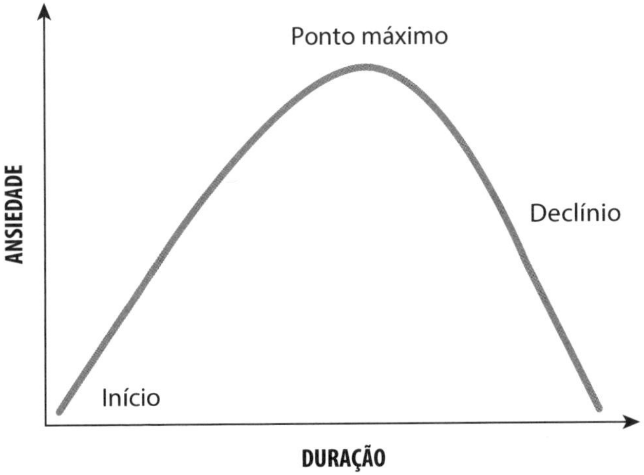

SLIDE 4 – ANSIEDADE E RENDIMENTO

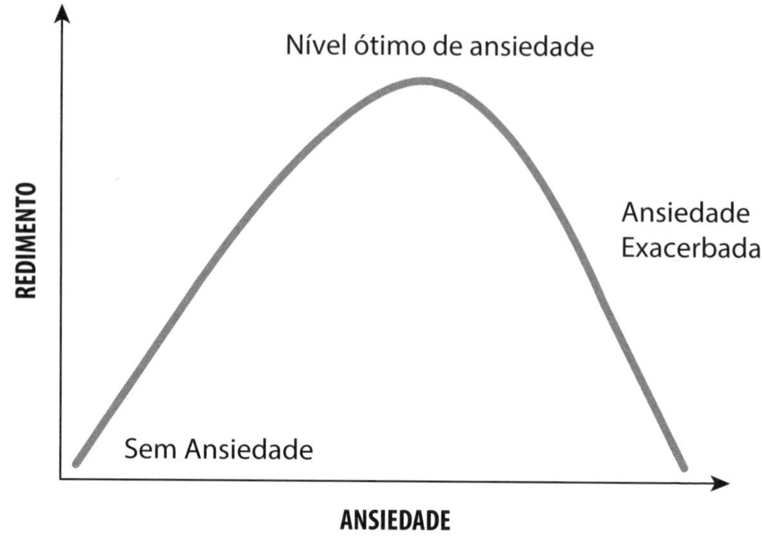

SLIDE 5 – ANSIEDADE E FUGA

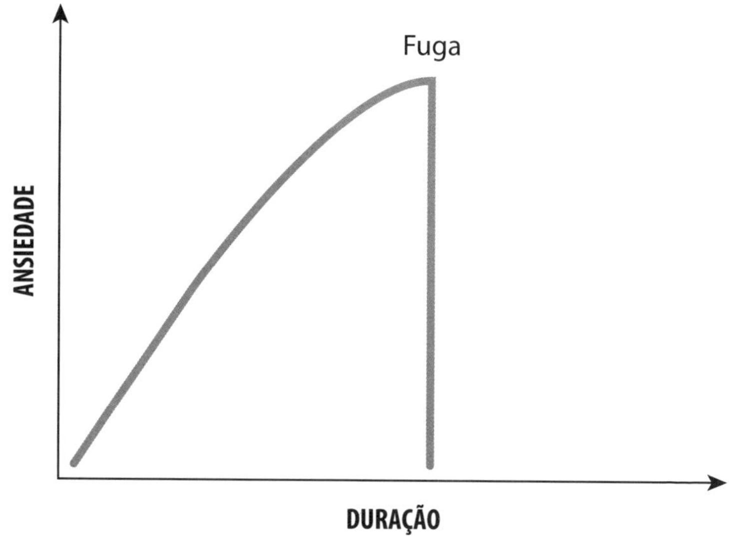

SLIDE 6 – ANSIEDADE E DEPOIS DA FUGA

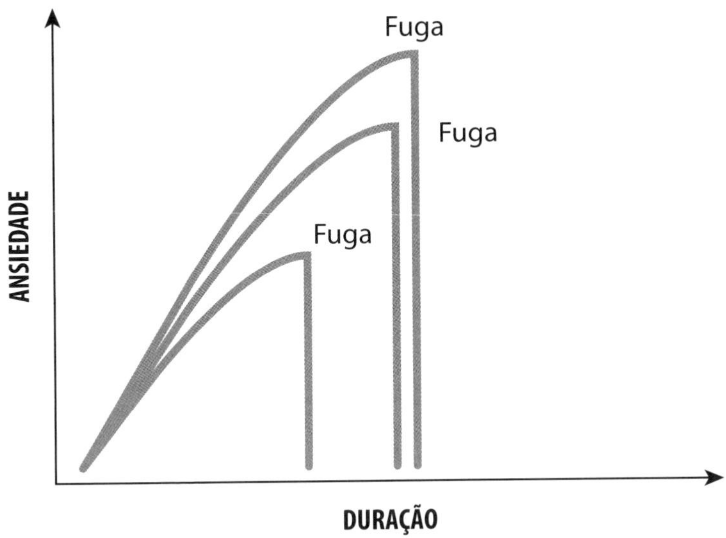

SLIDE 7 – AO ENCONTRAR UMA SERPENTE NO CAMINHO

SLIDE 8 – MANIFESTAÇÕES FISIOLÓGICAS

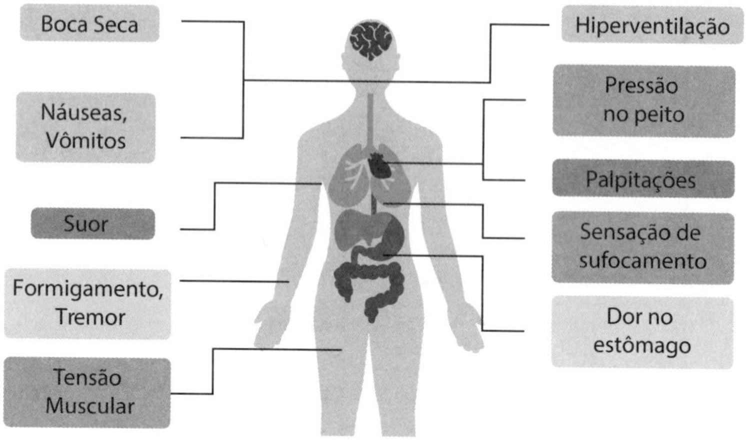

SLIDE 9 – MANIFESTAÇÕES COMPORTAMENTAIS

Fumar, comer, não dormir, roer as unhas, tomar medicamentos para dormir etc.

SLIDE 10 – PENSAMENTOS E EMOÇÕES

DIFICULDADE EM INICIAR OU SEGUIR UMA CONVERSA

FARDO
BLOQUEIO
INSEGURANÇA

NERVOSO
SOB AMEAÇA

PREOCUPAÇÃO
DIFICULDADE DE
MEMORIZAR

SLIDE 11 – REGISTRO DE PENSAMENTO

Situação	Pensamento	Emoção

TAREFA PARA CASA: FOLHA DE REGISTRO DE PENSAMENTOS

Cada vez que sentir uma emoção negativa (tristeza, ansiedade, raiva, medo etc.) preencha a tabela seguinte. Lembre-se de escrever a situação da maneira mais detalhada possível.

Situação: O que estava acontecendo nessa situação?	Pensamentos: O que passou pela minha cabeça nesse momento?	Emoção: Que emoção senti?

SLIDE 2 – POSTURAS

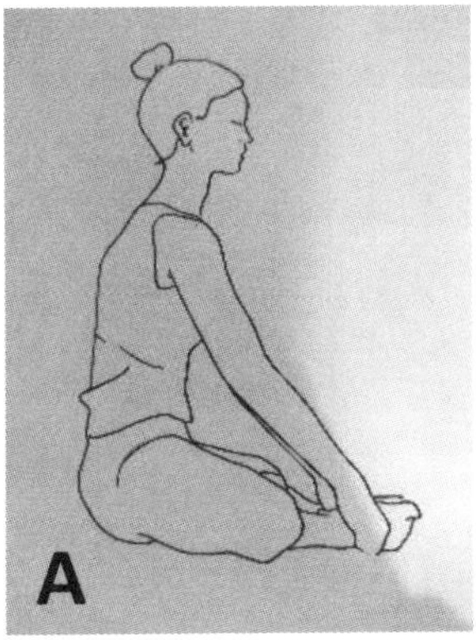

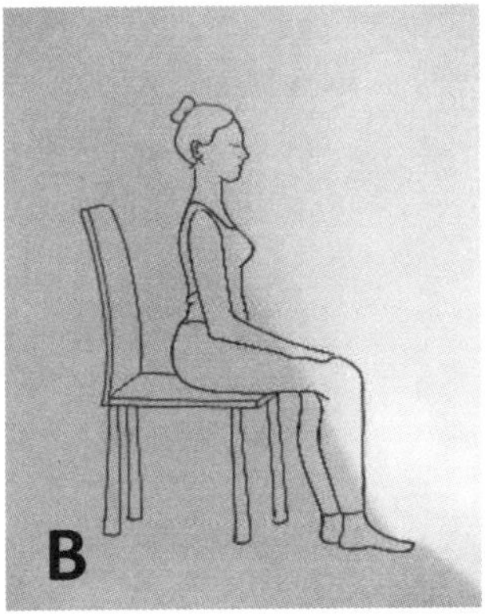

SLIDE 3 – DISCUSSÃO DE PENSAMENTOS

1. Haveria alguma explicação diferente?
2. Há evidências contra o pensamento nessa situação?
3. É útil ter esse pensamento nessa situação?

SLIDE 4 – EQUAÇÃO DA ANSIEDADE

$$\textbf{Ansiedade} = \frac{\text{(Quanto é ameaçadora?)} \times \text{(Quanto dano poderia me causar?)}}{\text{(Quais habilidades/estratégias temos?)} + \text{(Com qual ajuda posso contar?)}}$$

SLIDE 5 – CASO LUÍS (SEM RECURSOS)

Luís é uma pessoa com alto nível educacional que, antes do acidente, trabalhava como executivo de uma empresa respeitada em sua cidade. Desde que sofreu o acidente, Luís apresenta problemas de linguagem que afetam principalmente a sua entonação, mas que não o impedem de comunicar-se de forma adequada. Acabam de chamar Luís para apresentar uma conferência a outros executivos da empresa, o que faz com que comece a experimentar altos níveis de ansiedade.

1. O que acham que Luís pode estar sentindo nessa situação?
2. Quais pensamentos podem estar passando pela cabeça de Luís?
3. Como acham que Luís se comportará diante dessa situação?

SLIDE 6 – CASO LUÍS (COM RECURSOS)

Luís é uma pessoa com alto nível educacional que, antes do acidente, trabalhava como executivo de uma empresa respeitada em sua cidade. Desde que sofreu o acidente, Luís apresenta problemas de linguagem que afetam principalmente a sua entonação, mas que não o impedem de comunicar-se de forma adequada. Acabam de chamar Luís para apresentar uma conferência a outros executivos da empresa, o que faz com que comece a experimentar altos níveis de ansiedade. Diante dessa situação, Luís decide procurar um terapeuta de linguagem para poder melhorar sua entonação e praticar com ele a conferência que tem que apresentar.

1. O que acham que Luís pode estar sentindo nessa situação?
2. Quais pensamentos podem estar passando pela cabeça de Luís?
3. Como acham que Luís se comportará diante dessa situação?

SLIDE 7 – CASO LUÍS (RESPOSTA FISIOLÓGICA)

Luís vai apresentar a conferência diante de seus colegas executivos. Para ele, trata-se de uma conferência importante, por isso se preparou muito para apresentá-la bem. Contudo, se sente inseguro (certa incerteza) porque não sabe o que seus colegas dirão. Quando começa a falar, seu coração bate forte e ele sente muito calor no rosto.

FICHA DE DISCUSSÃO DE PENSAMENTOS

Escolha um pensamento ansioso que tenha tido essa semana para discuti-lo. Isso treinará para haver uma maior discussão de seus pensamentos.

Pensamento:

____

____

____

____

Haveria alguma explicação diferente?

____

____

____

____

Há evidências contra o pensamento nessa situação?

____

____

____

____

É útil ter esse pensamento nessa situação?

____

____

____

____

FICHA DA EQUAÇÃO DA ANSIEDADE

$$\textbf{Ansiedade} = \frac{\text{(Quanto é ameaçadora?)} \times \text{(Quanto dano poderia me causar?)}}{\text{(Quais habilidades/estratégias temos?)} + \text{(Com qual ajuda posso contar?)}}$$

TAREFA PARA CASA:
FICHA DE DISCUSSÃO DE PENSAMENTOS

Escolha um pensamento ansioso que tenha tido essa semana para discuti-lo. Isso treinará para haver uma maior discussão de seus pensamentos.

Pensamento:

____

____

____

____

____

Haveria alguma explicação diferente?

____

____

____

____

____

Há evidências contra o pensamento nessa situação?

____

____

____

____

____

É útil ter esse pensamento nessa situação?

____

____

____

____

SLIDE 2 – POSTURAS

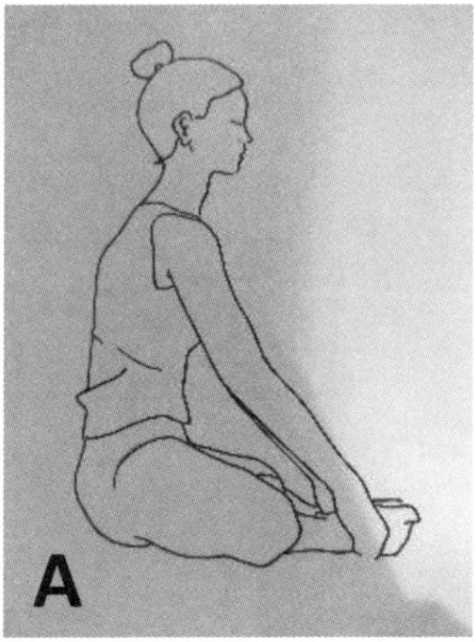

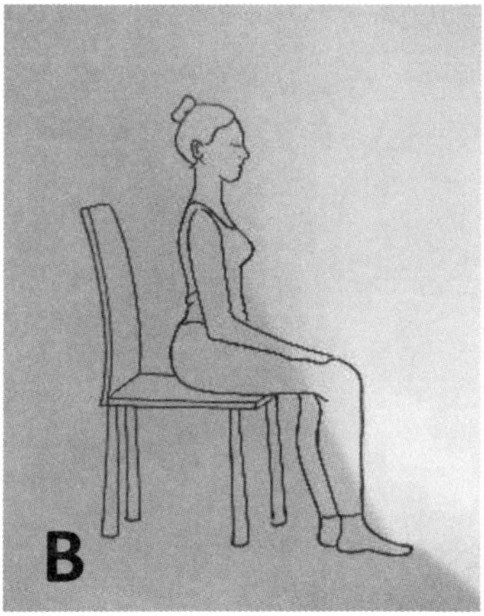

SLIDE 3 – EQUAÇÃO DA ANSIEDADE

$$\text{Ansiedade} = \frac{\text{(Quanto é ameaçadora?)} \times \text{(Quanto dano poderia me causar?)}}{\text{(Quais habilidades/estratégias temos?)} + \text{(Com qual ajuda posso contar?)}}$$

SLIDE 4 – TRANSTORNOS DE ANSIEDADE

Transtorno	Estímulo Ameaçador
Transtorno de pânico	Sensações corporais: taquicardia, pressão no peito, entre outas
Transtornos de ansiedade generalizada	Eventos vitais estressantes ou preocupações em diversos aspectos
Fobia social	Situações sociais ou públicas: comer em público, falar pelo telefone, entre outras
Transtorno obsessivo compulsivo	Pensamentos, imagens ou impulsos, geralmente avaliados como inaceitáveis
Transtorno de estresse pós-traumático	Lembranças, sensações ou estímulos esternos associados com experiências traumáticas passadas

Fonte: Clark & Beck, 2010, p. 9.

FICHA DE DESCATASTROFIZAÇÃO

Situação ameaçadora ou perigosa na qual estou pensando:

___

___

___

O que de pior poderia acontecer? Isso seria provável?

___

___

___

Tive alguma experiência que demonstre que esta situação nem sempre termina mal?

___

___

___

Existe algo pior que eu tenha enfrentado em minha vida?

___

___

___

Haveria outra explicação que poderia me ajudar a não ver a situação como ameaçadora?

___

___

___

Se o pior acontecer, como eu agiria?

___

___

___

UMA BUSCA COMPREENSIVA DE INFORMAÇÃO

Coletando informação mais completa

	Sobre mim mesmo/a	Sobre os outros
Fracassos		
Êxitos		

Coisas para perguntar a mim mesmo/a na minha busca por informação

Pergunta	Qual informação é inconsistente com meu ponto de vista?
Resposta	
Perguntas	Como outras pessoas lidam com esta tarefa/situação? Também fracassam?
Resposta	
Perguntas	Quais consequências existem ao limitar a informação sobre o que penso?
Resposta	

Perguntas	Existe algum padrão quando excluo uma informação?
Resposta	
Perguntas	Sempre olho para a informação negativa?
Resposta	

TAREFA DE APOIO

"Se meu melhor amigo/a estivesse nesta situação e eu não estivesse ansioso/a, o que diria para ajudá-lo a ver a mesma situação de forma mais realista?"

1. ____
____
____

2. ____
____
____

3. ____
____
____

SLIDE 2 – POSTURAS

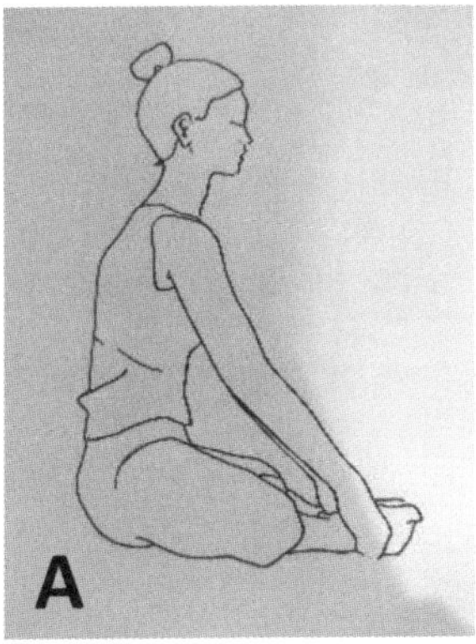

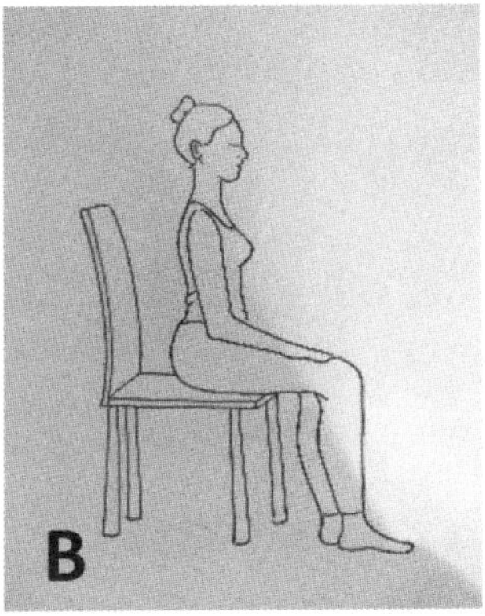

SLIDE 3

Transtorno	Medo de enfrentar
Transtorno de pânico	• Morrer (p. ex., de um ataque cardíaco) • Perder o controle (p. ex., ficar louco) • Perder a consciência (desmaiar) • Ter novos ataques de pânico
Transtorno de ansiedade generalizada	Futuras adversidades ou situações consideradas estressantes

Transtorno	Medo de enfrentar
Fobia social	Avaliação negativa dos outros (p. ex., passar vergonha ou ser humilhado/a)
Transtorno obsessivo compulsivo	Perder o controle mental ou comportamental Ser responsável por adversidades negativas para si mesmo ou para os outros.
Transtorno de estresse pós-traumático	Pensamentos, lembranças, sintomas ou estímulos associados a eventos traumáticos.

Fonte: Clark & Beck, 2010, p. 9.

SLIDE 4

$$\textbf{Ansiedade} = \frac{\text{(Quanto é ameaçadora?)} \times \text{(Quanto dano poderia me causar?)}}{\text{(Quais habilidades/estratégias temos?)} + \text{(Com qual ajuda posso contar?)}}$$

FICHA DE NOVAS ESTRATÉGIAS DE ENFRENTAMENTO

Descreva a situação que preocupa você

____

____

____

____

Como costuma ver essa situação?	Como poderia vê-la?

Das estratégias que aprendi na sessão de hoje, quais eu poderia aplicar na situação que me preocupa?

____

____

____

Como eu poderia aplicá-las nesta situação?

____

____

____

Existem outras pessoas par quem eu possa pedir apoio nesta situação? Descreva o que poderia dizer para pedir ajuda a cada uma dessas pessoas.

____

____

____

____

FICHA DE CONTROLE DE EVENTOS PASSADOS

Todos, eventualmente, lidamos com eventos negativos; no entanto, às vezes é possível que pensemos que não controlamos essas situações de forma adequada. Neste exercício, vocês irá identificar algumas situações negativas que tenha vivido no passado e que tenha conseguido superar e de quais formas conseguiu lidar com elas. Também irá identificar as formas que não foram tão efetivas quando tentou lidas com a situação (p. ex., álcool, isolamento, relações tóxicas, procrastinação ou se queixando). Finalmente, irá examinar seu problema atual e irá identificar as formas efetivas (e não-efetivas) de controlar o problema.

Eventos Passados Negativos	Como enfrentou?	Formas não efetivas de enfrentar o problema
Problema atual	**Como poderia enfrentá-lo efetivamente**	**Formas não efetivas de enfrentar o problema**

FICHA DE INTENÇÃO DE IMPLEMENTAÇÃO

Se esta semana estou nesta situação ______________________

____

____

___________________________________, o que farei será recordar o que aprendi na sessão de hoje e colocarei em prática a estratégia ____

____

____.

O que aprendeu ao aplicar esta nova estratégia?

____

____

____

FICHA DE NOVAS ESTRATÉGIAS DE ENFRENTAMENTO

Descreva a situação que preocupa você

___

___

___

___

Como costuma ver essa situação?	Como poderia vê-la?

Das estratégias que aprendi na sessão de hoje, quais eu poderia aplicar na situação que me preocupa?

___

___

___

___

Como eu poderia aplicá-las nesta situação?

___

___

___

___

Existem outras pessoas par quem eu possa pedir apoio nesta situação? Descreva o que poderia dizer para pedir ajuda a cada uma dessas pessoas.

___

___

___

___

SLIDE 2 – POSTURAS

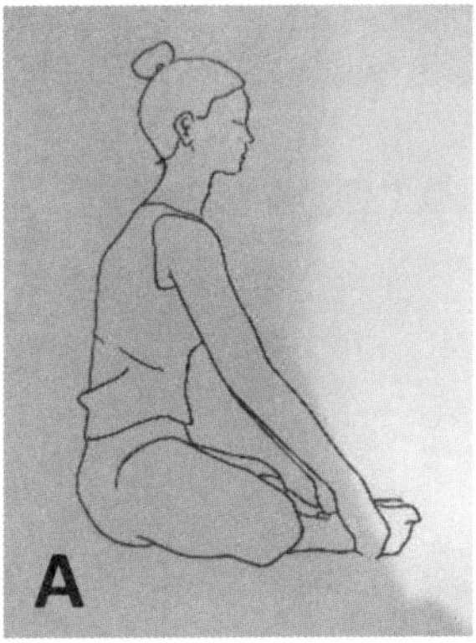

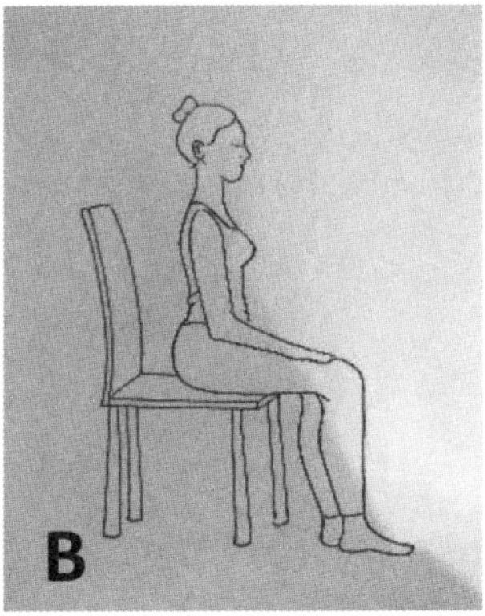

SLIDE 3 – SUGESTÕES DE COMO PEDIR AJUDA

Comunicação

- Não falar de maneira agressiva, pois a outra pessoa ficará na defensiva:
  - "Preciso que você me ajude, senão vou voltar a ter crises de pânico e a culpa será toda sua."
- Falar sobre o que se sente, pensa, faz (focar no EU e não no VOCÊ):
  - "Fico nervoso/a quando tenho que falar em público, ficaria mais tranquilo/a se você fosse ao evento comigo."

- Pedir as coisas de maneira relaxada e amável:
  - "Seria muito amável de sua parte se vocês me ajudasse a...", "por favor, agradeceria que...", "preciso que hoje você me acompanhe..."
- Mantenha-se firme no pedido, não hesite ou minimize sua importância, não dê argumentos para que ele seja rejeitado:
  - "Isso... queria pedir sua ajuda para..., bom, eu sei que está muito ocupado/a... nesse caso, não tem problema, de verdade... posso dar um jeito."
- Respeitar os direitos e os sentimentos das outras pessoas.

SLIDE 4 – SUGESTÕES DE COMO PEDIR AJUDA

Comunicação

- Ser o mais concreto/a e específico/a possível:
  - "Gostaria que você me ajudasse com... amanhã pela manhã."
- Combinar algo concreto:
  - "Então, quinta às 12h, está bom para você? Se não estiver, diga a que horas você pode ir e eu acomodo meus horários."
- Apontar as razões que fazem a ajuda ser necessária:
  - "Se você me ajudar... eu poderei praticar as estratégias que estamos trabalhando no programa de ansiedade."
- Fazer um elogio à pessoa, e depois pedir ajuda:
  - "Poderia me ajudar a ir ao médico? Ainda tenho muito medo de ir sozinho/a de ônibus e me perder."
  - "Hoje não posso ajudar, estrou muito cansado."
  - "Claro, com o tanto que você trabalhou hoje, é normal. Você sempre se esforça ao máximo. Mas seria bem mais

seguro se você me acompanhasse, de verdade. Prometo que depois faço em você uma massagem relaxante. O que você acha?"

SLIDE 5 – SUGESTÕES DE COMO PEDIR AJUDA

Comunicação

- Cuidado com o tom de voz e a posição corporal.
- Se a pessoa se negar a ajudar:
  - Tentar novamente, fazendo que ela veja o quanto isso é importante para você. Também é possível oferecer algo em troca.
  - Dar um tempo para que a pessoa pense e tentar outra vez mais tarde.
- Pensar em mais pessoas que possam ajudar.
- Agradecer a ajuda:
  - "Muito obrigada pela sua ajuda... É um alívio saber que posso contar com você..."
- Evitar criticar a maneira como ajudaram anteriormente:
  - "Da próxima vez, faça deste jeito, seria mais útil."

SLIDE 6 – SUGESTÕES DE COMO PEDIR AJUDA

Comunicação

- Para lembrar os pontos principais: *DEAR MAN*
  - D: descrever a situação problema;
  - E: expressar a emoção, o que se sente diante dela;
  - A: assertividade diante daquilo que se pede à outra pessoa (ser concreto, específico);
  - R: reforçar positivamente com antecedência ("eu agradeceria muito se me ajudasse com isso");

- M: *mindfulness*, concentrar-se no presente, sem reclamar do passado;
- A: aparentar estar seguro/a ao fazer o pedido;
- N: negociar, nem sempre é possível conseguir o que se quer, nem da maneira que se quer.

SLIDE 7 – SUGESTÕES DE COMO PEDIR AJUDA

Planejamento

- Ter em mente o que se quer pedir, preparar-se com antecedência:
    - Qual é a necessidade?
    - Quando?
    - Como quer que isso aconteça?
    - Para quem é preciso pedir ajuda?
    - Possíveis consequências.
- Não pedir ajuda sempre para a mesma pessoa.
- Escolher o momento adequado.
- Estar preparado/a para receber um "não" ou um "talvez".
- Pedir algo razoável para a outra pessoa, não se aproveitar da outra pessoa.
- Pedir uma coisa de cada vez.

CARTÃO DE APOIO

Quando me sentir ansioso em (descrever a situação) ______
____
____
__________ posso recordar que: (colocar as novas estratégias de enfrentamento e de apoio) ____________________
____
__________________________________; mesmo assim, devo recordar que é possível pensar que (colocar a nova interpretación) ______________________________
____

O pior que pode acontecer é: ____________________
____
____
______________ Se isto chegar a acontecer, posso pensar: __
____
____
______________E fazer: ________________________
____
____
______________.

A probabilidade de que isto aconteça é: ______________
____
____
__________________; o que pode acontecer, que seria mais realista, é: ______________________________
____
____; mesmo que sinta aborrecimento ou ansiedade, o que posso fazer é:
____
____
____.

SLIDE 2 – POSTURAS

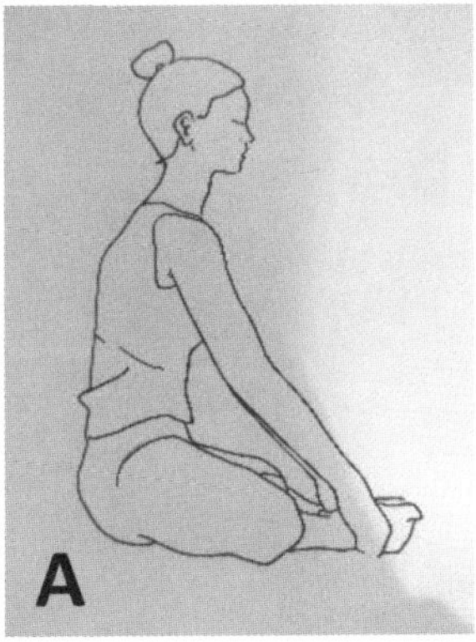

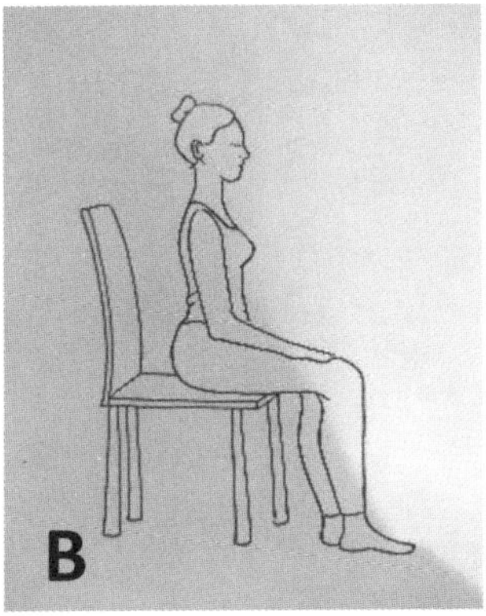

SLIDE 3 – ANSIEDADE DEPOIS DA EVITAÇÃO

HIERARQUIA DE ESTRESSORES

Evento ou situação estressora:

____

____

____

O que poderia acontecer nessa situação que poderia provocar o maior grau de ansiedade possível? Coloque-a em primeiro lugar na hierarquia

____

____

____

Qual seria a situação que causaria menos ansiedade? Coloque-a em último lugar na hierarquia

____

____

____

Organizar a hierarquia dos estressores associados à situação, completando os espaços faltantes com situações intermediárias:

1. ______________________________
2. ______________________________
3. ______________________________
4. ______________________________
5. ______________________________
6. ______________________________
7. ______________________________
8. ______________________________
9. ______________________________
10. ______________________________

SLIDE 2 – POSTURAS

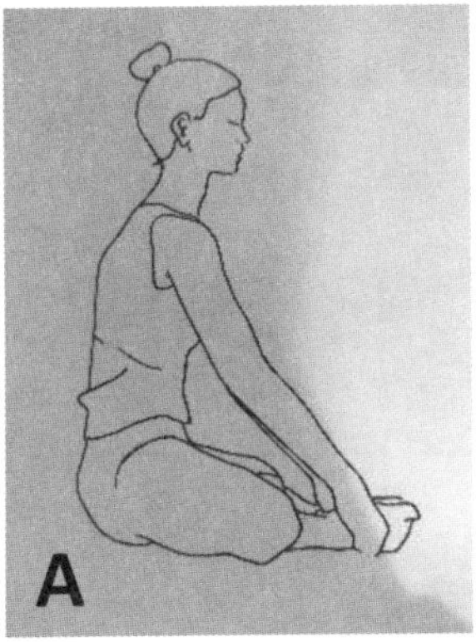

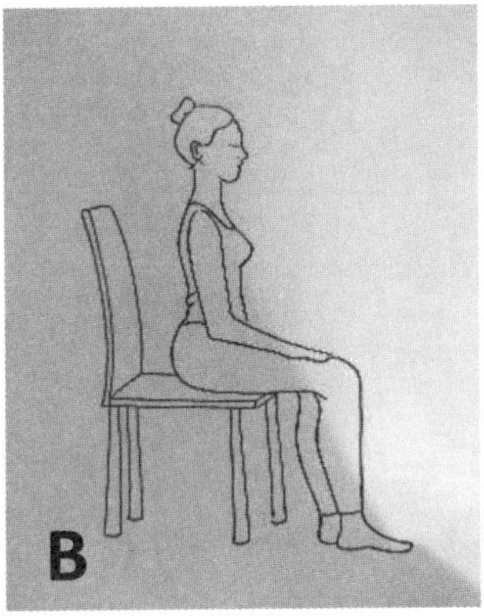

SLIDE 3 – ANSIEDADE DEPOIS DA EVITAÇÃO

SLIDE 4

$$\textbf{Ansiedade} = \frac{\text{(Quanto é ameaçadora?)} \times \text{(Quanto dano poderia me causar?)}}{\text{(Quais habilidades/estratégias temos?)} + \text{(Com qual ajuda posso contar?)}}$$

HIERARQUIA DE ESTRESSORES

Evento ou situação estressora:

____

____

____

O que poderia acontecer nessa situação que poderia provocar o maior grau de ansiedade possível? Coloque-a em primeiro lugar na hierarquia

____

____

____

Qual seria a situação que causaria menos ansiedade? Coloque-a em último lugar na hierarquia

____

____

____

Organizar a hierarquia dos estressores associados à situação, completando os espaços faltantes com situações intermediárias:

1. ____________________________________
2. ____________________________________
3. ____________________________________
4. ____________________________________
5. ____________________________________
6. ____________________________________
7. ____________________________________
8. ____________________________________
9. ____________________________________
10. ___________________________________

SLIDE 2 – POSTURAS

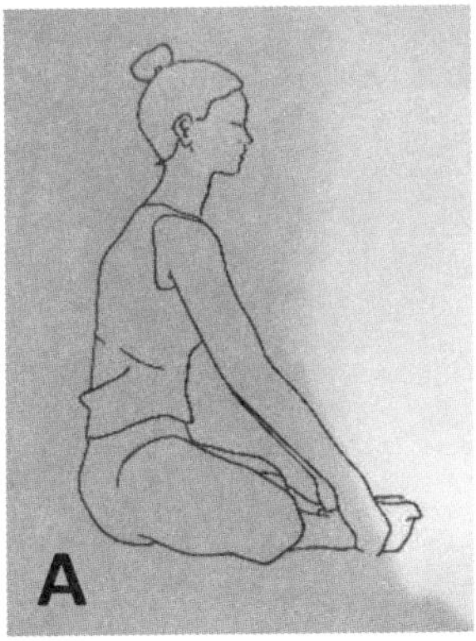

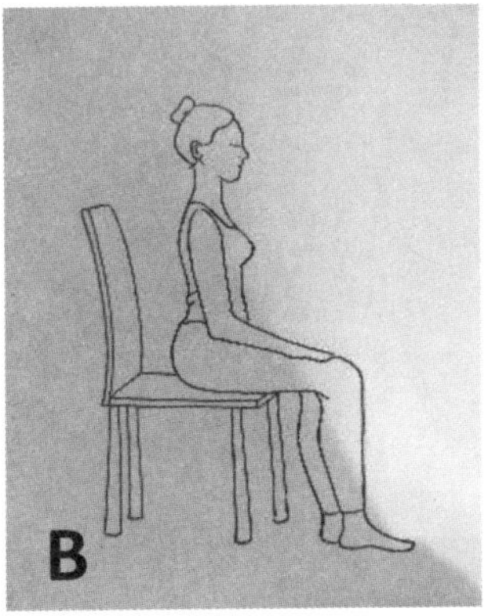

SLIDE 3

$$\text{Ansiedade} = \frac{\text{(Quanto é ameaçadora?)} \times \text{(Quanto dano poderia me causar?)}}{\text{(Quais habilidades/estratégias temos?)} + \text{(Com qual ajuda posso contar?)}}$$

SLIDE 4 – ASPECTOS A SEREM AVALIADOS NAS SOLUÇÕES POSSÍVEIS

- Consequências a curto e longo prazo
- Consequências pessoais

- Tempo necessário para sua realização
- Custo ou ganho emocional
- Consistência com os valores da pessoa
- Efeitos físicos e psicológicos
- Efeitos em outras pessoas
- Consequências sociais

INVENTÁRIO DE RESOLUÇÃO DE PROBLEMAS

Passo 1. Operacionalização de problema:

Passo 2. Quais soluções poderiam existir para este problema?

Passo 3. Escolha uma das possibilidades e analise seus prós e contras:

Alternativa de solução 1: ______________________________

Prós	Contras

Faça o mesmo com a segunda melhor alternativa

Alternativa de solução 2: ______________________________

Prós	Contras

Passo 4. Plano de ação para implementação da melhor alternativa:

Passo 5. Como poderiam ser diminuídos os contras da alternativa escolhida?

PRATICANDO A ACEITAÇÃO

Aquilo que me preocupa é:	
Custos e Benefícios da Aceitação:	Custos:
	Benefícios:
Coisas que me aborrecem e que diariamente aceito, sem me queixar:	
Por que aceito estas coisas?	
Descreva, em detalhes, o que preocupa na situação, sem julgar, interpretar ou prever as coisas:	
Como um observador veria a situação se ela estivesse em um filme? O que diria desta situação?	
Conclusão:	

SLIDE 2 – POSTURAS

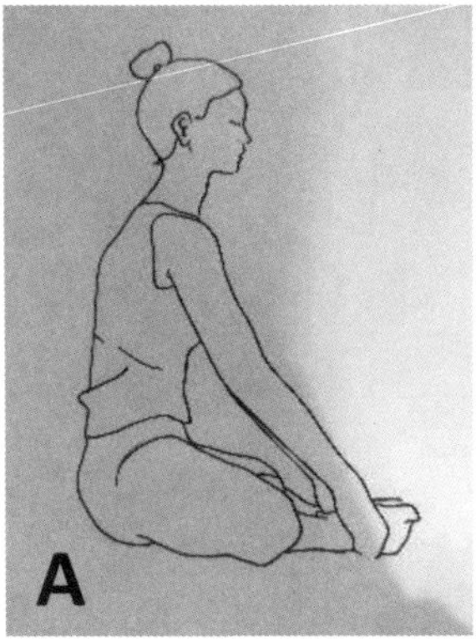

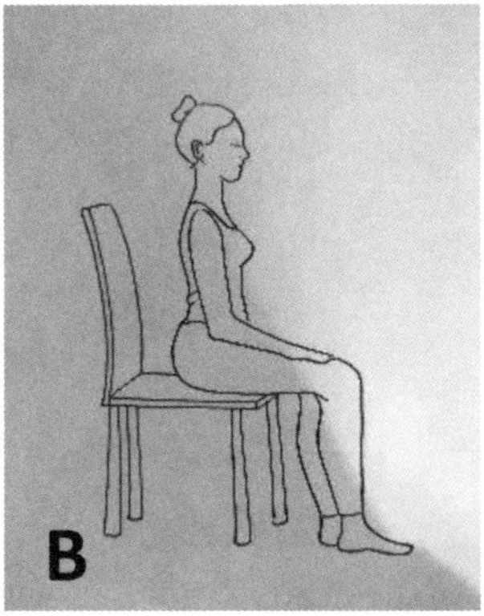

SLIDE 3 – EMOÇÕES BÁSICAS, SUA FUNÇÃO E SUA EMOÇÃO SECUNDÁRIA

Emoção básica	Função	Emoção secundária
Alegria	Reforçar vínculos sociais	Mania
Tristeza	Conservar energia e favorecer o apoio social	Depressão
Medo	Proteção diante de estímulos que atentam contra a vida	Ansiedade
Raiva	Defesa dos limites, o território	Ressentimento
Ódio	Proteção diante de estímulos que atentem contra a vida	Repugnância

SLIDE 4 – TÉCNICAS PARA CONTROLAR A ANSIEDADE

Orientadas à situação	Orientadas à modificar a situação	Orientadas à atenção na situação
• Afastar-se da situação • Muito efetivas a curto prazo • Ocasionam problema a longo prazo • Nem sempre são inadequadas, às vezes todas as usamos	• Modificam a situação para que deixe de ser um problema. • Uma técnica: a resolução de problemas • Mas, existem situações que não podem ser mudadas. • Técnicas de aceitação	• Permite que nos relacionemos com a situação de forma diferente. • Uma técnica: *Mindfulness* • Evitar remoer os pensamentos

Mudança cognitiva	De modulação da emoção
• Dirigidas a conseguir uma avaliação diferente da situação: não catastrofização, não-subavaliação pessoal • Técnicas: estratégias de enfrentamento e estratégias de esposição	• Depois que a emoção aparece • Tentam mudar a expressão da emoção

INSTRUÇÕES PARA A RESPIRAÇÃO ABDOMINAL PROFUNDA

Durante a respiração abdominal deve-se conduzir o ar em direção à parte inferior dos pulmões. Ao fazer isso, seu estômago deve inflar, como aparece na imagem.

Faça 15 repetições por dia de respirações diafragmáticas.

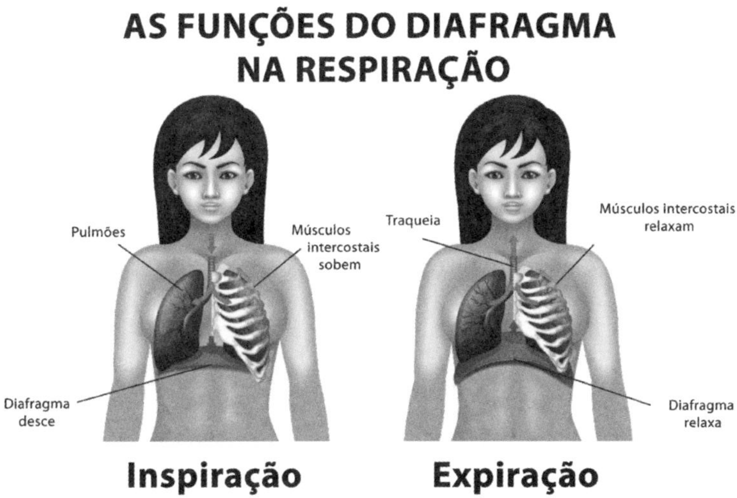

SLIDE 2 – SESSÃO 3

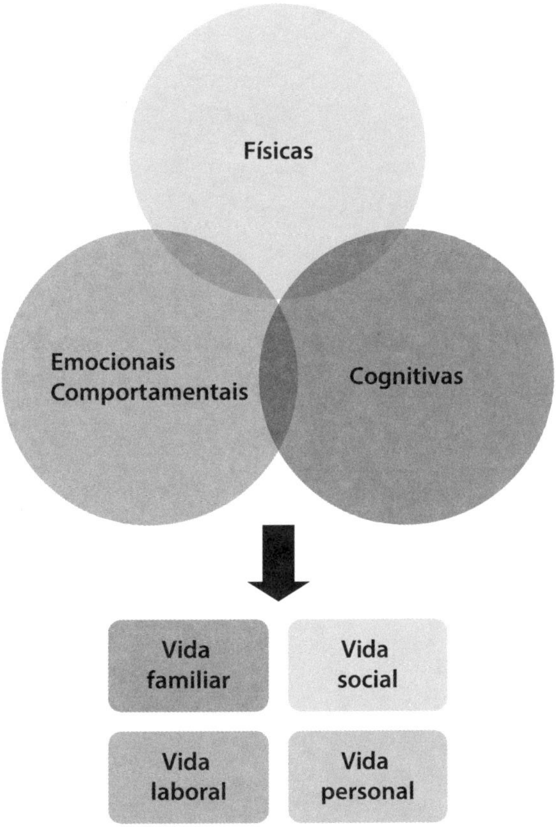

SLIDE 3 – SESSÃO 3

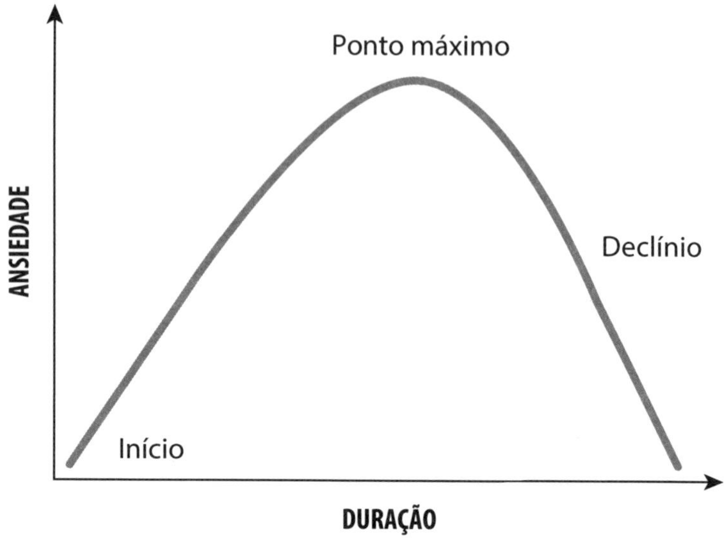

- Como diferenciar as preocupações normais das excessivas:
  - Está em nossas mãos?
  - Quais consequências existem?
  - O quanto é inovadora para seguir com minha vida cotidiana?
- A ansiedade
  - Ansiedade versus medo
  - Curva normal de ansiedade

SLIDE 4 – SESSÃO 3

- A ansiedade
  - Ansiedade e desempenho
  - Ansiedade e fuga
  - Manifestações
    - Fisiológicas (p. ex., taquicardia)
    - Comportamentais (p. ex., comer)
    - Pensamentos e emoções (p. ex., "não posso")

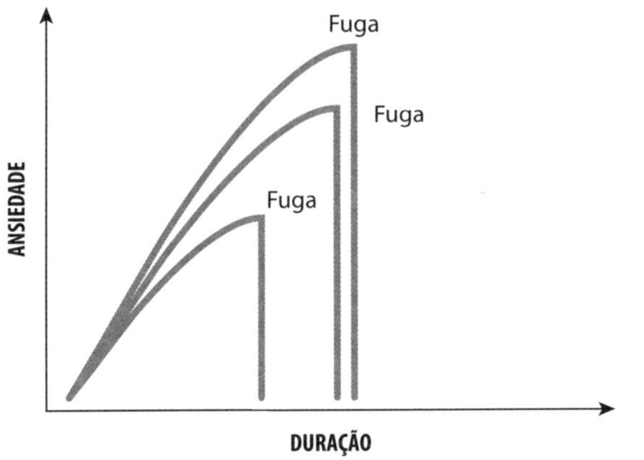

SLIDE 5 – SESSÃO 3

- Registro de pensamento: a montanha russa

SLIDE 6 – SESSÃO 4

- Discussão de pensamentos
  - Haveria alguma explicação diferente?
  - Há evidências contra o pensamento nessa situação?
  - É útil ter esse pensamento nessa situação?
- Equação da ansiedade

$$\text{Ansiedade} = \frac{\text{(Quanto é ameaçadora?)} \times \text{(Quanto dano poderia me causar?)}}{\text{(Quais habilidades/estratégias temos?)} + \text{(Com qual ajuda posso contar?)}}$$

SLIDE 7 – SESSÃO 5

- Catastrofização

Transtorno	Estímulo ameaçador
Transtorno de pânico	Sensações corporais: taquicardia, aperto no peito, entre outras.
Transtorno de ansiedade generalizada	Situações vitais estressantes e preocupações em diversos aspectos.
Fobia social	Situações sociais e públicas: comer em público, falar ao telefone, entre outras
Transtorno obsessivo compulsivo	Pensamentos, imagens, impulsos intrusivos, geralmente avaliados como inaceitáveis.
Transtorno de estresse pós traumático	Lembranças, sensações ou estímulos externos associados com experiências traumáticas passadas.

- Descatastrofização
    - O que de pior poderia acontecer? Isso seria provável?
    - Tive alguma experiência que demonstre que esta situação nem sempre termina mal?
    - Existe algo pior que eu tenha enfrentado em minha vida?
    - Haveria outra explicação?
    - Se o pior acontecer, como eu agiria?

SLIDE 8 – SESSÃO 6

- Fazer a busca de informação se mais objetiva
    - Observar os fracassos e os êxitos dos outros e os meus
    - Qual informação é inconsistente com meu ponto de vista?
    - Como outras pessoas lidam com esta tarefa? Também fracassam?
    - Quais consequências existem ao limitar a informação sobre o que penso?
    - Existe algum padrão quando excluo uma informação?
    - Sempre olho para a informação negativa?

SLIDE 9 – SESSÃO 6

- Medos enfrentados por cada tipo de ansiedade

Transtorno	Medo a enfrentar
Transtorno de pânico	Morrer (p.ex. De um ataque cardíaco). Perder o controle (p.ex. Enlouquecer). Perder a consciência (desmaiar). Ter novos ataques de pânico.
Transtorno de ansiedade generalizada	Futuras adversidades ou situações consideradas estressantes.
Fobia social	Avaliação negativa dos outros (ser envergonhado ou humilhado).
Transtorno obsessivo compulsivo	Perder o controle mental ou comportamental. Ser responsável por situações negativas para si mesmo e para os outros.
Transtorno de estresse pós traumático	Pensamentos, lembranças, sintomas ou estímulos associados com eventos traumáticos.

SLIDE 10 – SESSÃO 6

- Estratégias de enfrentamento
    - Se isso chegar a acontecer, como poderia ser enfrentado?
    - Conheço mais alguém que tenha enfrentado situações similares?
    - Como as enfrentou?
    - De que maneira elas viam o problema para terem o enfrentado assim?
- Existem outras pessoas para quem eu possa pedir apoio nesta situação?

Eventos passados negativos	Fomo eu enfrentei	Formas não efetivas de enfrentar o problema
Problema atual	Como poderia enfrentá-lo afetivamente	Formas não efetivas de enfrentar o problema

SLIDE 11 – SESSÃO 7

- Apoio social: pedir e rejeitar ajuda

COMUNICAÇÃO

- Não falar de maneira agressiva.
- Falar sobre o que você sente, pensa e faz.
- Ser o mais preciso e concreto possível.
- Cuidar do tom de voz e da posição corporal.
- Agradecer.

PLANEJAMENTO

- Ter claro o que se quer pedir.
- Não pedir ajuda sempre a mesma pessoa.
- Escolher o momento adequado.
- Pedir algo razoável.
- Uma coisa de cada vez.

SLIDE 12 – SESSÃO 7

Cartão de apoio

Quando me sentir ansioso em ____________________ posso me lembrar que ____________________; mesmo assim, devo me lembrar que é possível pensar que ____________________

O pior que pode acontecer é: ____________________. Se isto chegar a acontecer, posso pensar: ____________________ e fazer ____________________. A probabilidade de que isto aconteça é: ____________________; o que pode acontecer, que seria mais realista, é: ____________________; mesmo que sinta aborrecimento ou ansiedade, o que posso fazer é: ____________________.

SLIDE 13 – SESSÃO 8

- Buscar os estressores e fazer hierarquias
  1. Nível baixo de ansiedade
  2. Nível médio de ansiedade
  3. Nível mais alto de ansiedade
- Importância da exposição
  1. Exemplo do menino no mar com sua mãe/pai

SLIDE 14 – SESSÃO 9

- Exposição em imaginação
  - Começar pelo nível mais baixo
  - Imaginar-se na situação da maneira mais detalhada e concreta possível.
  - Permanecer na situação apesar da ansiedade
  - Imaginar como enfrentar a situação de maneira realista
  - Permanecer na situação até que os níveis de ansiedade sejam aceitáveis
  - Subir mais um nível

- Exposição ao vivo
    - Mesmos passos que a exposição em imaginação
    - Uso de cartões de apoio

SLIDE 15 – SESSÃO 10

- Técnica de resolução de problemas

OPERACIONALIZAÇÃO DE PROBLEMAS	
Concreto	Observável

↓

SOLUÇÕES	
Chuva de idéias	Sem filtro

↓

AVALIAÇÃO DAS SOLUÇÕES	
Prós	Contras

↓

PLANO DE AÇÃO	
Se o problema continuar, tentar outra solução	Se o problema desaparecer, usar a solução em futuras ocasiões

↓

COMO DIMINUIR OS CONTRAS

SLIDE 16 – SESSÃO 10

- Aceitação

<table>
<tr><td rowspan="2">Custos e Benefícios da Aceitação:</td><td>Custos:</td></tr>
<tr><td>Benefícios:</td></tr>
<tr><td colspan="2">Coisas que me aborrecem e que diariamente aceito, sem me queixar:</td></tr>
<tr><td colspan="2">Por que aceito estas coisas?</td></tr>
<tr><td colspan="2">Descreva, em detalhes, o que preocupa na situação, sem julgar, interpretar ou prever as coisas:</td></tr>
<tr><td colspan="2">Como um observador veria a situação se ela estivesse em um filme? O que diria desta situação?</td></tr>
<tr><td colspan="2">Conclusão:</td></tr>
</table>

SLIDE 17 – SESSÃO 11

- Funções das emoções

Emoção básica	Função	Emoção secundária
Alegria	Reforçar vínculos sociais	Mania
Tristeza	Conservar energia e favorecer o apoio social	Depressão
Medo	Proteção tendo em vista os estímulos que atentam contra a própria vida	Ansiedade
Raiva	Defesa dos limites, do território	Ressentimento
Asco	Proteção tendo em vista os estímulos que atentam contra a própria vida	Nojo

SLIDE 18 – SESSÃO 11

- Técnicas para controlar a ansiedade

Orientadas a situação

Orientadas a modificar a situação

Orientadas à atenção da situação

Mudança cognitiva

Modulação da emoção

- Respiração abdominal profunda
- Relaxamento da imaginação
- Relaxamento progressivo
- *Mindfulness*

FICHA DE METAS

Qual meta quero alcançar?

____

____

____

Quais ações, passos, posso realizar para me aproximar dessa meta?

____

____

____

____

____

____

- Estabelecendo um plano de ação

Passo	Tempo (estabelecer uma data para realizá-la)	Contingências: o que fazer se conseguir?	Contingências: o que fazer se não conseguir? (p. ex., frases que posso dizer para mim ou coisas que posso fazer que me incentivem a continuar)

QUESTIONÁRIO DE SATISFAÇÃO

	Muito fraco	Fraco	Médio	Bom	Excelente
A duração do programa é adequada					
A duração de cada sessão é apropriada					
Os conteúdos incluídos são apropriados					
As indicações oferecidas foram claras					
Pude utilizar na minha vida diária o que aprendi					
Consegui melhorar minha maneira de enfrentar as situações graças ao programa					
Recomendaria este programa para outras pessoas que sofrem com ansiedade?					

Observações:

FICHA DE APRENDIZAGENS

De acordo como tudo o que foi visto nas sessões em que participei, e nas atividades realizadas, o que acho que seria útil recorda quando sentir ansiedade? Quais estratégias das que foram vistas poderia utilizar?

Mantenha esta lista com você para que relembre o que aprendeu e continue praticando daqui para frente.

Giselle Leal, Psy.D

Neuropsicóloga Clínica, apta a prestar serviços em inglês e espanhol para adultos e idosos de diversas origens culturais e diagnósticos. Ela obteve seu doutorado em Psicologia Clínica com concentração em Neuropsicologia pela Albizu University em Miami, Flórida. A Dra. Leal completou um estágio de pré-doutorado de um ano no Rusk Rehabilitation Institute da NYU Langone Health, onde recebeu treinamento em psicologia da reabilitação, avaliações neuropsicológicas, bem como técnicas de remediação cognitiva individual e em grupo. Posteriormente, ela completou uma bolsa de pós-doutorado APPCN de dois anos em Neuropsicologia Clínica na Escola de Medicina Miller da Universidade de Miami. Atualmente, ela atua como neuropsicóloga e psicóloga de reabilitação no Jackson Memorial Hospital e também é proprietária e fundadora do Insight Neurocognitive and Behavioral Center, um consultório particular. Ela também tem experiência no fornecimento de serviços de terapia individual e em grupo para indivíduos com uma vasta gama de condições psiquiátricas e neurológicas.

Juan Carlos Arango Lasprilla

É diretor de pesquisa na Espanha e América Latina da empresa Giunty Psychometrics e é professor adjunto do departamento de psicologia da Virginia Commonwealth University, nos Estados Unidos. Suas áreas de trabalho são danos cerebrais, reabilitação e neuropsicologia intercultural. Atualmente, ele tem mais de 400 publicações, incluindo artigos e capítulos de livros, e suas pesquisas foram publicadas em várias das melhores revistas de medicina e psicologia do mundo. Seus projetos de pesquisa foram financiados por diferentes organizações nacionais e internacionais. Ao longo do seu percurso profissional, recebeu cerca de 30 prêmios e/ou distinções nacional e internacional. Entre eles estão o Prêmio Alejandro Ángel Escobar (Colômbia), o Prêmio Colombiano de Psicologia (Colômbia), três prêmios da American Psychological Association (Estados Unidos), o Prêmio Early Career da Academia Nacional de Neuropsicologia (Estados Unidos), o Prêmio Ramón y Cajal Prêmio do Ministério da Educação da Espanha (Espanha), o Prêmio Arthur Benton Mid-Career da Sociedade Internacional de Neuropsicologia (Estados Unidos), o Prêmio Mitchell Rosenthal Mid-Career do Congresso Americano de Medicina de Reabilitação (Estados Unidos), e o Prêmio mundial de melhor jovem pesquisador na área de dano cerebral concedido pela International Brain Injury Association (Escócia). Em 2021, Dr. Arango foi incluído na prestigiosa lista da Universidade de Stanford na qual aparecem os 2% dos pesquisadores mais influentes do mundo.

O Dr. Arango foi o fundador do Congresso Ibero-Americano de Neuropsicologia, evento que até hoje conta com quatro versões e atraiu mais de 4.500 participantes de 38 países do mundo. Da mesma forma, foi fundador da Revista Ibero-Americana de Neuropsicologia e da Sociedade Colombiana de Neuropsicologia. Dr. Arango é membro do comitê editorial de 30 revistas e revisor de artigos de mais de 60 revistas internacionais de prestígio. Foi editor convidado de seis das mais importantes revistas de lesão cerebral e reabilitação do mundo (Journal of Head Trauma and Rehabilitation, Brain Injury, Neurorehabilitation, Journal of Rehabilitation Medicine, Journal of Vocational Rehabilitation and Behavioral Neurology). É autor de dez livros, professor visitante em 110 universidades diferentes nos cinco continentes e palestrante em várias conferências nacionais, internacionais e mundiais em seu campo. Dr. Arango deu mais de 700 conferências ao redor do mundo e formou estudantes e profissionais em cinco continentes, muitos dos quais são atualmente professores em universidades nos Estados Unidos, América Latina e Europa.

Entre seus interesses clínicos estão o trabalho com adultos e idosos com lesões cerebrais adquiridas, distúrbios metabólicos, doenças neurodegenerativas e alguns diagnósticos de neurodesenvolvimento. Ela é membro de várias associações profissionais nacionais e internacionais, e também contribuiu para a área apresentando sua pesquisa em conferências nacionais para algumas das organizações acima mencionadas, bem como através da publicação de vários capítulos de livros e manuscritos revisados por pares.

Laiene Olabarrieta Landa

Psicóloga e doutora em psicologia pela Universidade de Deusto. Desde 2011 está envolvida em pesquisa, ganhando inúmeras bolsas como a Bolsa de Colaboração do Governo Basco, a Bolsa de Pré-Doutorado do Governo Basco e a Bolsa de Pós-Doutorado de Formação Juan de la Cierva, entre outras. Atualmente, trabalha como docente e pesquisadora na Universidade Pública de Navarra, na área da Psicobiologia. Editou 3 livros e um número monográfico e publicou 26 capítulos de livros. Ela tem 48 artigos de pesquisa em revistas do JCR e vários trabalhos apresentados em conferências nacionais e internacionais de neuropsicologia, incluindo a *International Neuropsychology Society* e a *International Brain Injury Association*. Foi editora do *Ibero-American Journal of Neuropsychology*.

Mariantonia Lemos, Ph.D.

Chefe do programa de mestrado em estudos comportamentais e professora titular da Universidade EAFIT. Apaixonada por saúde mental e estudos comportamentais, especialmente, na área da medicina comportamental. Psicóloga, doutora e mestre em psicologia com experiência em processos de pesquisa na área de psicologia clínica e da saúde. Psicoterapeuta de adultos, com abordagem cognitivo-comportamental. Treinamentos no Instituto Beck.

Dra. Fabricia Quintão Loschiavo Alvares (organizadora da coleção)

Doutora em Neurociências pela Universidade Federal de Minas Gerais (UFMG) e pela Universidade de Cambridge – Reino Unido. Especialista em Reabilitação Neuropsicológica pelo Oliver Zangwill Centre, no Reino Unido, e em Neuropsicologia pela Univesidade Fumec. Terapeuta Ocupacional pela UFMG, trabalhou em diversas instituições e hospitais no Reino Unido, dentre eles o Instituto Oliver Zangwill e o Raphael Medical Centre, na Inglaterra, onde foi consultora de pesquisa e clínica em Reabilitação Neuropsicológica. Ministra cursos nacionais e internacionais sobre sua vasta atuação clínica. Autora de diversos livros e capítulos de livros nacionais e internacionais e de vários artigos publicados em periódicos internacionais, é professora e pesquisadora na área. Sempre trabalhou com reabilitação neuropsicológica em crianças, adultos e idosos com lesões adquiridas, transtornos do neurodesenvolvimento e psiquiátricos. Sócia-fundadora e diretora clínica da Nexus – Instituto de Pesquisa, Ensino e Clínica em Reabilitação Neuropsicológica, em Belo Horizonte / Minas Gerais, instituição premiada na categoria Excelência em Laboratório de Pesquisa Inovação Científica – Prêmio Dr. Fernando Capovilla, no Brain Connection em 2020, pelas pesquisas conduzidas na área da Reabilitação Neuropsicológica. Presidente do Grupo de Interesse Específico em Reabilitação Neuropsicológica (SIGBRA) ligado à World Federation of Neurorehabilitation. Recebeu o prêmio Special Tribute 2020, conferido pelo Projeto Erasmus – União Européia, CAP SUR

L'ECOLE INCLUSIVE EN EUROPE, pela carreira e trajetória de destaques na área da Reabilitação Neuropsicológica. Junto com a Dra. Barbara A. Wilson, é autora e organizadora do maior lançamento de Reabilitação Neuropsicológica no Brasil, o livro "Reabilitação Neuropsicológica nos Transtornos Psiquiátricos – Da Teoria à Prática". A Dra. Fabricia Loschiavo também é a autora e organizadora da Coletânea "Como eu Faço a Reabilitação Neuropsicológica", composta por exclusivos Manuais e Cursos que objetivam responder à grande pergunta: "Como eu faço a Reabilitação Neuropsicológica?".

Construindo ideias
e conectando mentes

Este livro foi composto com tipografia Bembo Std
e impresso em papel Offset 90g/m²
na Gráfica Idealiza em janeiro de 2023.